PARIS, LÉCRIVAIN ET TOUBON, RUE DU PONT-DE-LODI, 5

BIBLIOTHÈQUE POUR TOUS

PUBLIÉE PAR J. LEMER

LE COMTE DE FOIX

Par FRÉDÉRIC SOULIÉ

I

A quelques centaines de pas du bourg de Mirepoix, de l'autre côté du Llers, torrent qui traverse dans presque toute sa longueur la riche vallée qui s'étend de ce bourg jusqu'à la ville de Pamiers, s'élève une colline qui domine non-seulement le cours de cette petite rivière, mais encore le chemin qui la borde et qui va vers Castelnaudary. Aux deux tiers à peu près de cette colline commençait un château dont les ruines existent encore.

Adossé au flanc de la montagne, il montait avec elle, atteignait son sommet, et le dépassait par quatre grandes tours que l'on apercevait à plusieurs lieues de distance.

Cette manière de poser les redoutables forteresses où s'enfermaient les puissants châtelains de cette époque, faisait intérieurement de ces vastes constructions quelque chose d'assez bizarre pour que nous croyions devoir l'expliquer à nos lecteurs.

Les premières constructions qui servaient d'enceinte générale au château s'étendaient d'abord parallèlement à la colline sur une façade de près de trois cents pieds, et montaient à une hauteur prodigieuse; puis elles allaient rejoindre par des cons-

LE COMTE DE FOIX.

tructions latérales la colline, gardant au sommet le même niveau, mais diminuant de hauteur absolue à mesure que leur base s'élevait avec la pente du terrain, de façon qu'arrivée à la petite plate-forme, sur laquelle se dressaient les quatre tours dont nous avons parlé, cette enceinte n'avait plus qu'une élévation d'une vingtaine de pieds. On comprend que de cette façon une très grande étendue de terrain en plan, rapidement incliné, fût enfermée dans cette enceinte.

Aussi, lorsqu'on entrait du côté de la façade, c'est-à-dire du côté où les murs étaient les plus élevés et descendaient par conséquent le plus bas sur le penchant de la colline, on trouvait après la poterne, garnie d'une double herse, un vaste champ au milieu duquel était tracé un chemin tortueux bordé de vieux chênes et de frènes énormes. De chaque côté de cette allée s'élevaient une demi-douzaine de maisonnettes, de granges, d'étables, où logeaient les serviteurs du seigneur féodal, chargés des soins du bétail : le reste était demeuré agreste et inculte, à l'exception d'une étendue assez grande qui avait été nivelée et battue pour servir à la fois aux jeux et aux exercices des habitants du château.

Le rez-de-chaussée des constructions d'enceinte était réservé à d'immenses écuries pour les chevaux du seigneur, de ses hommes d'armes et des visiteurs qui pouvaient se présenter, quelque nombreuse que pût être leur suite.

L'allée qui traversait en tournant ce vaste espace conduisait à une seconde construction qui le traversait dans toute sa largeur, et allait s'appuyer par ses deux extrémités aux murs latéraux.

Mais la base de cette construction se trouvant de beaucoup plus élevée que celle de la première, le rez-de-chaussée en était à peu près à la hauteur du second étage des bâtiments extérieurs.

Cet immense rez-de-chaussée offrait au centre un énorme pavillon carré d'où s'étendaient à droite une immense salle d'armes, et à gauche une chapelle qui, de nos jours, serait une église plus que suffisante pour un village de quelque importance. Un escalier qui occupait une partie de ce pavillon conduisait aux étages supérieurs occupés par ceux qui dépendaient plus immédiatement du suzerain, et parmi lesquels il faut compter non-seulement l'argentier, l'armurier, le sommelier, le fauconnier et autres, mais encore les hommes d'armes qui, à cette époque, se rangeaient sous une bannière seigneuriale pour combattre à sa solde, et qui possédaient en propre leurs chevaux, leurs armes, et quelquefois deux ou trois hommes à leur service et qu'ils engageaient avec eux.

Lorsqu'on avait traversé ce bâtiment, on retrouvait un nouvel espace libre, mais plus soigné et garni de fleurs et de quelques arbres fruitiers, et au bout de cet espace, de nouvelles constructions qui gravissaient le rocher nu, et qui étaient ce qu'on peut appeler véritablement le château. Là, on avait taillé en quelques endroits les salles dans le roc lui-même ; on montait dans un labyrinthe d'escaliers qui, au sommet, s'ouvraient tout-à-coup sur une cour pleine encore d'une végétation puissante, et autour de laquelle on trouvait d'autres bâtiments. On montait encore et on atteignait les terrasses naturelles aboutissant aux étages les plus élevés de l'enceinte extérieure, et du rez-de-chaussée du dernier de ce bloc de bâtiments encaissés les uns sur les autres, on était de plain-pied avec la terrasse qui régnait au sommet de la grande enceinte. Mais ce n'était pas tout, et après toutes ces constructions, on arrivait à la plate-forme au milieu de laquelle s'élevaient les quatre tours parfaitement isolées et qui étaient la citadelle de ce château.

Là, on avait creusé un fossé dans le roc, fossé qui, quoique privé d'eau, n'en était pas moins un obstacle difficile à franchir pour les assaillants qui fussent arrivés jusqu'à cet endroit; car un seul pont-levis, fermé par une porte étroite et basse, donnait entrée dans cette citadelle.

Dans cet endroit, étaient renfermées dans d'immenses caves et dans les salles qui unissaient les tours les unes aux autres, sous les moyens de défense désespérée, des projectiles de toutes sortes, des outres d'huile, des masses de résine pour inonder les assiégeants de matières brûlantes, une immense quantité de blé et de seigle, des viandes salées, du vin, du bois en monceaux énormes, et enfin, dans l'endroit le plus secret de l'une des tours, l'or, les bijoux et les armures précieuses.

Un pareil château, situé sur une hauteur qui n'était commandée par nulle autre, semblerait difficile à prendre, même de nos jours, avec les puissants moyens que l'artillerie nous a donnés ; on doit donc penser de quelle importance il était à une époque où ce n'était qu'en faisant combattre pour ainsi dire les machines de guerre et les murailles corps à corps, qu'on parvenait à ébranler ces puissantes forteresses.

Indépendamment de sa force propre, ce château tenait de sa position un immense avantage, car il commandait, comme nous l'avons dit, le chemin qui menait de Castelnaudary au bourg de Mirepoix et de là à Foix. Toute la riche vallée qui s'étendait à ses pieds était également dans ses dépendances, et il suffisait d'un seul mot du suzerain pour que vingt cavaliers, sortis du château, pussent enlever en une heure ou deux les nombreux troupeaux qui paissaient dans la plaine. Pendant ce temps les faucheurs avaient bientôt fait de tondre les prés les plus riches pour la nourriture des chevaux du maître, et le voyageur, dont la tournure promettait un butin, si minime qu'il soit, n'avait guère de chance de s'échapper lorsqu'il avait excité de loin la convoitise de quelques hommes d'armes du châtelain.

En face des murs, il existait un bac pour traverser le torrent qui coulait au pied de la colline.

Durant l'hiver et au printemps, c'était le seul moyen de communication qui existât du bourg au château, communication qui n'était pas sans danger lorsque le torrent roulait dans toute sa force.

Souvent les moines du couvent de Saint-Maurice, situé dans la plaine, avaient proposé aux seigneurs du château de remplacer ce bac par un pont construit à leurs frais, mais comme le droit de péage de ce bac était un des meilleurs revenus du châtelain, jamais il n'y avait voulu consentir, attendu qu'ils y mettaient pour condition que le droit serait perçu à leur profit.

En été, le torrent presque desséché rendait ce bac inutile ; mais les voyageurs, les marchands, n'en devaient pas moins le droit, quoiqu'ils ne fissent pas usage du radeau demeuré à sec sur le sable, et cela avait nécessité, de la part des seigneurs, une surveillance perpétuelle et, en conséquence, l'établissement au bord du torrent d'une petite tour qui servait de demeure au conducteur du bac et à sa famille, composée d'une fille de seize ans à peine, et de deux garçons de vingt et de vingt-deux ans, alertes, vigoureux, et qui de jour comme de nuit étaient aux aguets de ceux qui eussent voulu frauder le droit de passage.

Ce château était celui du sire de Terride.

Et le sire de Terride était l'un des plus redoutables suzerains du Languedoc.

II

Durant une soirée du mois de mai 1217, où le Llers était grossi par les neiges, que les premières chaleurs avaient fait fondre sur les montagnes, un bruit de cor appela du côté du bourg le bac Robin et Gauthier, les deux fils du gardien du passage, venaient d'amarrer solidement au pied de la tour ; ne pensant pas qu'à pareille heure personne osât s'exposer à passer le torrent, les deux fils et le père étaient allés à un rendez-vous qui leur avait été assigné le matin même, et la garde de la tour avait été confiée à Guillelmète.

Celle-ci entendit le bruit du cor ; elle se mit à une des hautes fenêtres de la tour, et, ayant sans doute reconnu à l'appel celui qui l'avait fait, elle cria de manière à être entendue de l'autre côté du Llers :

— Il est trop tard, sir Guy de Lévis, vous ne passerez point ce soir, car je suis seule dans la tour.

— Eh ! ma mie, lui dit celui à qui elle s'adressait, et qu'on apercevait à travers le crépuscule de l'autre côté de la rive, je t'ai vue conduire le bac de ce côté par de plus grandes eaux que celles qui nous séparent ; et, si tu ne veux pas que je passe, c'est pure mauvaise volonté de ta part.

— Ce n'est point mauvaise volonté, c'est l'ordre de mon père et de mes frères qui m'empêche de vous servir.

— Tu es bien obéissante aujourd'hui, Guillelmète ; dis-moi donc si c'est par ordre de ton père et de tes frères que tu vas le soir te promener dans les oseraies de la rive avec le Maure Ben Ouled ?

— C'est un mensonge, dit Guillelmète ; je suis une fille chrétienne, et je ne suis point faite pour aimer un homme qui est de la couleur de Satan, dont il est sans doute un des suppôts.

— Bah ! bah ! fit Guy de Lévis, il n'est peut-être pas si noir qu'il est diable ; car il m'a semblé qu'un jour, après avoir lutté avec un de mes bons Bourguignons, la sueur qui coulait de son front emportait une bonne partie de sa noirceur, et je ne suis pas bien sûr de ne pas avoir vu un jour quelque peu de son teint de pain d'épice demeurer sur tes lèvres roses.

— Vous êtes toujours le même, sir Guy ; vous êtes tellement préoccupé d'amour pour la demoiselle de notre château, que vous voyez tout le monde amoureux.

— Et cela, reprit Guy, malgré la couleur sous laquelle se cache celui dont je te dirai le vrai nom, au risque que le vent l'emporte jusqu'au château, si tu ne viens pas chercher moi et ma suite.

— Vous seul, dit Guillelmète, et tout au plus un page et un écuyer avec vous.

— Va, va, dit Guy, la suite que j'amène n'est point de celles qui font peur aux jeunes filles, et peut-être trouveras-tu les bagages qui m'accompagnent telles choses qui te rendront plus gracieuse.

Le sire Guy de Lévis, celui qu'on appelait le maréchal de la Foi, était aussi renommé par sa libéralité que par sa bravoure ; et, soit qu'elle fût séduite par l'espoir de quelque riche présent, soit qu'elle craignit de voir divulguer le secret dont lui avait parlé le vaillant croisé de l'armée de Simon de Montfort, Guillelmète descendit de la tour, détacha le bac, et fut bientôt de l'autre côté de la rivière.

A peine la barque avait-elle tourné le bord, que le sieur Guy de Lévis s'élança près de Guillelmète et dit à un écuyer :

— Maintenant fais entrer ici les mulets et les marchands.

Un coup de croc vigoureusement donné par Guillelmète éloigna la barque du rivage, et elle lui dit :

— Non, messire, tous ces hommes n'entreront pas ; ce n'est point en si nombreuse compagnie que vous avez coutume de venir faire vos visites ; et nous, pauvres Provençaux, nous sommes trop habitués aux trahisons des Français pour que je consente à recevoir tous ces hommes et tous ces chevaux dans le bac.

— Hé ! Roland ! cria le sire de Lévis à un écuyer qui se tenait sur le rivage, jette dans la barque un des ballots qui chargent nos roussins, et que Guillelmète s'imagine cacher des armes dangereuses.

Roland exécuta ce que lui avait dit son maître, et Guy de Lévis, défaisant lui-même ce ballot avec la pointe de son poignard, lui montra qu'il était rempli de gants cousus d'or, d'écharpes de soie, d'étoffes de pourpre et de santal.

Pendant que la jeune fille, courbée sur le ballot, considérait attentivement ces ajustements splendides, Guy leva un moment le poignard sur elle comme s'il allait l'en frapper ; mais il s'arrêta au moment où elle se relevait, tenant une écharpe vermeille, en disant d'un ton dont la tristesse contrastait avec le plaisir qu'elle semblait éprouver à contempler ces parures :

— Oui, oui, ce sont là des armes dangereuses, avec lesquelles vous avez obtenu un accès que ne vous eussent jamais donné tous vos hommes d'armes et toutes vos machines de guerre ; oui, ce sera pour la comtesse Signis et pour sa fille Ernessinde des armes plus dangereuses que ne l'eussent été pour le vieux sire de Terride vos heaumes de Pavie et vos velours d'Utrecht.

Guy considéra un moment la jeune fille, et, lui prenant l'écharpe des mains, il lui dit avec un sourire flatteur :

— Ce n'est point lorsque nous les portons sur ces armes sont dangereuses, c'est lorsqu'elles sont au cou d'une belle jeune fille aux yeux noirs et flamboyants comme toi.

En disant cela, il lui passa et lui noua l'écharpe autour du cou, tandis que Guillelmète répondait d'un air embarrassé, mais naïf :

— De pareilles parures ne sont pas faites pour une fille comme moi.

— Je prétends que tu la gardes, lui dit Guy de Lévis, en retenant les mains de la jeune fille qui feignait de vouloir détacher l'écharpe.

Et tout aussitôt le chevalier en saisissant les deux bouts, les tira violemment et serra le nœud autour du cou de la pauvre fille qui, surprise de la rapidité, qu'elle ne put laisser échapper qu'un cri étouffé, et qu'au moment où elle portait les mains à son cou pour se débarrasser de cet horrible lien, Guy la précipita dans le torrent.

— Hâtons-nous maintenant, dit le chevalier aux hommes qui l'attendaient sur la rive, le passage est à nous.

Pendant que les mulets et les hommes entraient dans le bac,

celui qu'on avait appelé Roland dit au sire de Lévis :

— En vérité, quand je vous ai vu lever le poignard sur cette jeune fille, j'ai craint que vous manquassiez le serment que vous avez fait à l'abbé de Saint-Maurice de ne point répandre de sang pour entrer dans le château.

— Le saint légat Pierre de Bénévent m'eût absous de ce péché, si j'avais été forcé de le commettre, dit le chevalier ; mais un coup de poignard n'eût peut-être pas étouffé le cri d'alarme qu'eût pu jeter cette fille avant de mourir, et qui eût averti les archers de la poterne ; et, en agissant ainsi, j'ai assuré le succès de mon entreprise, et j'ai tenu ma parole.

— Dieu soit loué, dit Roland en se signant, Dieu soit loué, qui vous a inspiré ce salutaire stratagème ; cela prouve qu'il protège toujours les efforts de ceux qui se sont dévoués à servir sa cause.

Ces paroles appelèrent un nuage de tristesse sur le front du chevalier, qui ne répondit point à son écuyer, mais qui sembla peu persuadé de la vérité de ses réflexions. Un moment après, ils touchèrent à l'autre rive du Llers, et, grâce à deux voyages rapidement faits, il y eut bientôt au pied du château une vingtaine de chevaux et autant d'hommes, qui commencèrent à gravir lentement le sentier étroit et difficile qui conduisait du chemin public à la poterne de l'enceinte extérieure de Terride.

III

Arrivés à la poterne du mur extérieur, le sire Guy de Lévis ne se présenta point d'abord seul comme il avait fait au bac, mais il ne demanda point à faire entrer ses hommes, et dit seulement au gardien :

— Crédo, voici une prise que j'apporte en offrande au château de Terride. Ce sont de riches parures et de bonnes étoffes que ces marchands arragonais portaient jusqu'à Toulouse, et dont la plus large part, quand les comtesses auront pris la plus riche, sera distribuée à tous ceux du château.

— Y a-t-il des pourpoints de buffle pour mettre sous nos armures ? dit celui qu'on avait appelé Crédo ; car les nôtres sont si bien usés que l'acier nous tient à la peau.

— Il y a tout ce qui peut plaire à des hommes et à des femmes ; car j'ai déjà paré de ma plus belle écharpe la jolie Guillelmète, qui nous a fait passer le bac.

— Vous avez eu tort, sire chevalier, dit Crédo ; déjà cette jeune fille a assez de vanité de sa beauté pour ne pas lui donner celle qu'elle peut tirer de sa parure. Mais il m'importe peu qu'elle soit ce qu'elle voudra, depuis qu'elle s'est mise en amour avec ce Sarrazin qui habite ici.

— Je monte au château, dit le sire Guy, et je te vais envoyer, de la part du sire de Terride, l'ordre de laisser pénétrer ici mes hommes et leurs charges.

— C'est comme si je le tenais, dit Crédo ; vous allez le demander à la comtesse Signis, car depuis longtemps le comte ne donne plus d'ordre, et la comtesse le donnera dès qu'elle entendra parler de parures. Entrez donc tout de suite, et comme je suppose que vous et vos gens passeront la nuit au château, je vais baisser la herse et fermer la poterne.

Guy de Lévis demeura pour voir entrer tous ses équipages, et leur désigna lui-même une vaste grange isolée dans le préau où ils pourraient aller décharger les roussins et se reposer.

Au moment où la porte s'allait fermer derrière le dernier mulet, un homme se glissa rapidement, et ce ne fut que lorsqu'il fut dans l'intérieur que Crédo s'aperçut que c'était ce qu'on appelait en général un bourdonnier.

— Eh, quel est ce drôle ? s'écria Crédo ; est-ce un de vos gens, sire Guy, qui ose se présenter ici le bourdon au poing ? s'il est à vous, il ment à la trêve que vous avez conclue avec le sire de Terride, et qui dit que nul Français portant croix ou bourdon, ou aucun autre signe de la croisade, n'entrera au château ; s'il n'est pas à vous, ce que je crois, car sa robe trempée prouve qu'il a passé le torrent à la nage, et non avec votre compagnie, je vais lui prouver comment on reçoit ceux de son espèce dans ce château, quand ils ne sont pas couverts par la trêve de leur seigneur.

— Je ne suis ni un Français ni un croisé, dit l'étranger, je suis un simple Romieu (on appelait ainsi les pèlerins qui faisaient ou avaient fait le voyage de Rome).

— Viens-tu de la sainte ville ou bien y vas-tu ? dit le sire de Lévis avec une vivacité qui prouvait que la différence pouvait être grande.

— J'y vais, messire, dit le pèlerin.

— Alors qu'il entre, dit Guy de Lévis, en s'éloignant pour gagner la partie du château habitée par le sire de Terride.

Pendant le temps que Crédo fermait la poterne, quelques archers avaient entouré le nouveau venu et lui demandaient des nouvelles des pays qu'il avait traversés. Le pèlerin sembla attendre que les hommes du sire de Lévis se fussent éloignés, et s'adressant à Crédo qui était venu se joindre à ses camarades, il leur dit alors :

— Il vous sied bien en vérité de vous enquérir des nouvelles du dehors, lorsque vous ignorez même celles qui sont enfermées dans ces murs.

— Nous ne les savons que trop, dit Crédo, nous savons ès bien que cet impénétrable château, le seul peut être de Languedoc, qui ne fût pas tombé au pouvoir des Croisés ur les armes, leur va tomber en partage par le mariage.

Oh ! damné soit le jour où le sire de Terride permit à la comtesse Signis et à sa fille d'aller à la cour d'amour de Saverdun, c'est là qu'elles ont vu le sire de Lévis et se sont prises d'amour pour les fêtes et les pas d'armes, les parures et les galanteries.

Si tu nous veux dire que ce mariage est prochain, et que peut-être ce sont des présents de noces qui viennent d'entrer, nous le savons.

— Beaux présents de noces en effet, dit le pèlerin, et comme il convient qu'un traître en apporte à des lâches. Ce sont des casques, des cuirasses dont se revêtent les prétendus marchands que tu as reçus, Crédo.

— Dis-tu vrai ? s'écria celui-ci.

— Va écouter à la porte de leur grange, et tu entendras un murmure de fer.

— Trahison ! nous sommes perdus, dit Crédo.

— Depuis quand donc les Provençaux se disent-ils perdus lorsqu'ils tiennent enfermés leurs ennemis armés dans la même enceinte qu'eux.

— Depuis qu'ils ne sont que six contre vingt, six couverts d'armures dont les courroies sont pourries et se détachent au premier coup d'épée.

— Eh bien ! dit le pèlerin, mettez entre eux et vous des pierres et des portes, que les coups d'épée ne puissent détacher si aisément que vos armures, et puisque les loups tiennent les chiens enfermés, que les chiens enferment à leur tour le renard dans une autre cage, et nous verrons qui sera le maître.

Et maintenant venez tous, si vous voulez savoir des nouvelles.

Aussitôt le pèlerin se mit à gravir l'allée de chênes qui menait à la première ligne de bâtiments ; il s'arrêta devant la porte de la chapelle ; elle était déserte, la salle d'armes l'était également ; nul pas ne se faisait entendre dans les étages supérieurs.

— En êtes-vous là ? dit le pèlerin.

— Nous en sommes là, dit Crédo d'un air mortifié.

— Où en sont donc ceux de là-haut ? dit l'étranger d'un ton sombre.

Un ricanement de mauvais augure fut la seule réponse de Crédo.

Alors le pèlerin ferma derrière lui les portes et en assura les barres de fer.

Les archers voulurent s'y opposer, mais Crédo les arrêta en leur disant :

— Laissez faire, ou je me trompe fort, ou celui-là a le droit d'agir ainsi.

Pendant qu'il prenait ces précautions, Crédo vit briller sous sa large robe le bout d'une haute épée et les mailles d'une armure, et voulant vérifier le soupçon qu'il avait conçu, il s'approcha de lui pour lui parler ; mais le pèlerin, croyant qu'il voulait s'opposer à son dessein, l'arrêta par ces mots :

— N'aie pas peur, Crédo, nous n'avons pas affaire à des prêtres.

Celui-ci tressaillit à cette parole ; et pour qu'on puisse comprendre à quoi ce mot pouvait faire allusion, il est nécessaire de raconter la circonstance qui avait valu à cet homme le nom qu'il portait.

Plus de vingt ans avant le jour où commence cette histoire, cet homme appartenait comme serf à l'abbaye de Saint-Maurice, où il était chasseur, et avait mérité le surnom de *tueur de loups.* C'était l'époque où l'hérésie des parfaits et des insabatés s'introduisait dans les campagnes.

Or Macrou (c'était le nom de cet homme), avait été accusé d'aller écouter dans les bois les prédications des sectaires vaudois. Mais ce n'était pas encore le temps où l'on procédait à l'extirpation de l'hérésie par le massacre et l'incendie, et l'abbé de Saint-Maurice fit comparaître Macrou devant lui. Ce fut pour le manant une horrible peur ; car on ne parlait pas moins que d'oubliettes tout hérissées d'aciers tranchants et où on jetait les hérétiques.

Sur le conseil d'un jongleur, le pauvre Macrou, qui se voyait déjà enfermé dans les profonds cachots du couvent, renferma toute sa défense en un mot, et ce mot était *Credo.*

Ainsi, quand l'abbé lui demanda s'il croyait aux doctrines des parfaits :

— *Credo,* répondit Macrou.

— Tu ne crois donc pas à la sainte Trinité ?

— *Credo,* fut la réponse de Macrou.

Et il n'en fit aucune autre, soit qu'on l'interrogeât dans un sens ou dans un autre, sur la vérité du catholicisme ou sur les erreurs de l'hérésie.

Enfin, le prieur qui s'était chargé de l'interroger, outré de cette façon de répondre, lui dit d'une voix de tonnerre :

— Tu crois donc parler à un imbécile ?

— *Credo,* repartit Macrou.

L'abbé, comme le dit la chronique, était plus gabeur que dévôt, et il détestait sincèrement son prieur, qui tâchait à le pousser dehors pour prendre sa place.

A cette réponse, il éclata de rire, et tous les moines en firent autant, tandis que l'abbé s'écriait :

— Cet homme croit aux vraies vérités ; qu'on le laisse libre.

Le nom de Crédo en resta à Macrou ; mais comme il savait que la haine du prieur ne lui pardonnerait jamais la gaieté qu'il avait excitée, il quitta clandestinement les terres des moines, et se rendit au sire de Terride.

Ce fut l'occasion d'un procès célèbre, dans lequel les moines gagnèrent, par jugement de l'archevêque de Narbonne, le droit de faire la culture du raisin blanc dans les vignes du côteau de Terride, qui était le plus renommé du pays.

On fut étonné de ne pas voir le sire de Terride appeler de ce jugement, qui lui enlevait une si large part d'un de ses meilleurs revenus. Mais on comprit bientôt son obéissance ; car, l'année d'ensuite, il fit arracher tous les ceps blancs, et les fit remplacer par du raisin noir, de quoi les moines n'eurent rien à dire, le cas n'ayant pas été prévu.

Ces circonstances, indépendamment de la force et du courage de Crédo, avaient donné dans le pays un certain renom à cet homme ; et s'il était étonné de l'allusion faite par l'étranger à la peur qu'il avait éprouvée, c'est que ce mot lui avait souvent été adressé par quelqu'un dont le souvenir était depuis longtemps oublié dans ce pays, lorsque celui-là voulait l'entraîner à quelque joyeuse escapade.

Cependant ils arrivèrent tous, suivant le pèlerin, jusqu'à l'entrée du manoir.

Pour que nos lecteurs puissent comprendre la scène qui s'y passa, il est nécessaire de leur expliquer comment était disposée la salle où entra le pèlerin.

IV

C'était une longue galerie, divisée en deux parties égales, par une balustrade à hauteur d'appui, comme le chœur d'une église est de la nef.

Du côté par où on entrait, des dalles de pierres couvraient le sol, et les murs étaient garnis de bancs de bois ; une vaste cheminée où, malgré la douceur de la saison, brûlait un feu qu'un homme, d'un teint presque noir, réveillait de temps en temps en y jetant des paquets de sarments, occupait le fond de cette première partie, où une lampe à trois becs répandait une clarté pauvre et tremblante.

C'était de ce côté que se trouvait la porte d'entrée qui communiquait directement avec l'extérieur.

L'autre moitié de la galerie avait un aspect bien différent.

Le pavé en était couvert de tapis, ainsi que les murs; d'énormes bougies brûlaient dans des candélabres fichés aux murs.

Des piles de coussins étaient épandues çà et là, et une table de marbre, supportée par des pieds incrustés, occupait le centre de cette partie de la galerie.

A côté de cette table étaient assises deux femmes, l'une paraissant avoir trente-six ans, l'autre seize ou dix-sept. Leur ressemblance était extrême; toutes deux étaient petites, d'une taille frêle, brunes, avec de grands yeux noirs, des cheveux d'ébène, et apportant dans leurs moindres mouvements une vivacité rapide et libre.

A quelque distance, un groupe de cinq ou six femmes travaillaient en causant tout bas; sur les genoux de l'une d'elles était un enfant de six à sept ans, aux beaux cheveux blonds et profondément endormi.

Près de l'une des nombreuses portes qui, de cet endroit, communiquaient aux intérieurs, se tenait un jeune homme de dix-huit ans qui, debout devant une espèce de lutrin, semblait absorbé par la lecture d'un manuscrit.

— C'est chose vraie, sur mon honneur, notre seigneur le pape a prononcé l'arrêt. Toutes les terres de la Languedoc, du Quercy, de Comminges et de Conserans, sont données à perpétuité à mon seigneur et maintenant au vôtre, le comte Simon de Montfort.

Et permettez à mon amour de s'en réjouir, puisque vous m'avez déclaré que si le fait advenait, vous me donneriez la main d'Ermessinde.

— C'est vrai, dit le sir de Terride, je t'ai donné cette parole, car si jamais ce château doit rendre hommage à ce barbare Normand, Français ou Anglais, car ce Montfort n'est le vrai fils d'aucune nation, ce ne sera point par ma voix.

Si ce que tu dis est vrai, si le bon droit, la noblesse et la courtoisie ont été condamnées par la cour de Rome, c'est qu'il n'y a plus de justice et d'équité sur terre; et alors, moi, pauvre vieillard, qui n'ai plus ni force ni pouvoir pour les défendre, je la quitterai, navré du triomphe des méchants, et joyeux de n'y pas assister.

Attends encore quelques jours, sire Guy, tu viens de m'apporter une nouvelle qui m'a plus blessé que ne l'eût pu faire ton couteau français.

Demain, après-demain, cette châtellenie sera libre par ma mort, et alors tu pourras prendre tout à la fois le château, les terres, et cette fille qui est la mienne, et qui t'aime.

— Excusez-moi, Messire, il faut que je retourne devers Toulouse avant vingt-quatre heures expirées; c'est plus de temps qu'il n'en faut pour que votre chapelain unisse ma main à celle de votre fille.

— Vous avez donné votre parole, dit la comtesse Signis avec une impatience mal déguisée.

— Ah! fit le vieillard, vous avez grande hâte de servitude, madame.

— J'ai hâte, Messire, dit Signis d'un ton sec, d'arracher ma fille à la mort ou à la honte.

Et puisque les glorieux seigneurs du Languedoc ne peuvent plus défendre leurs châteaux, ni l'honneur de leurs femmes et de leurs filles, ils n'ont rien de mieux à faire qu'à les mettre sous une protection plus efficace et plus jeune.

Le vieux sire de Terride se leva tout chancelant à cette dernière parole; mais la colère, qui l'avait redressé d'un seul mouvement, ne put le tenir debout, il retomba sur sa chaire, et dit d'un ton de rage:

— Plus jeune, n'est-ce pas? Ah! Signis, le joug que tu portes t'est donc bien lourd, que pour t'en affranchir tu veuilles donner ta fille à un Français!

Et pourtant, femme, je t'ai donné un des plus nobles noms de nos contrées, tu es la maîtresse de tout dans ma maison, tu es puissante ici comme une suzeraine.

— Suzeraine sans cour, maîtresse sans serviteurs, et demain peut-être à la merci du premier routier auquel il plaira d'attaquer ce château.

Non, Messire, cela ne peut pas durer ainsi.

— Non, dit le vieillard à sa fille, et toi aussi, veux-tu, comme ta mère, qu'à l'heure même cet homme devienne ton époux?

— Vous avez donné votre parole, mon père, dit Ermessinde en baissant les yeux.

— Oh! fit le vieillard, cela devrait être quand je me pris d'un fol amour pour la fille d'un Arragonais qui avait épousé sa servante mauresque. Elle était servante ta mère, Signis, servante et païenne, et si elle fit semblant, pour épouser le comte de Tolède, de se convertir à la vraie foi, elle n'en garda pas pas moins dans le cœur toute la perfidie et la bassesse de son origine. Elle te les a transmises, Signis, et tu les as transmises à ta fille.

Crois-moi, Lévis, crois-moi, ne sois jamais faible et malheureux avec ces femmes dans ta maison: car elles te vendront, comme elles me vendent, contre une écharpe ou un joyau.

Ce n'est pas du sang de chevalier qui est dans leurs veines, mais le sang africain, le sang des Maures pillards et des courtisanes qui tiennent marché de leur beauté dans les Espagnes.

— Sire de Terride, s'écria Signis, en se levant, l'œil eu feu, le corps agité d'un mouvement nerveux, les femmes de ma race sont plus pures que les nobles châtelaines de vos contrées, et vous n'en trouveriez aucune qui, comme la reine d'Aragon ou la comtesse de Comminges, en fût à son cinquième mari vivant.

Les femmes de ma race, Messire, aiment et vivent pour leur époux, quand cet époux est un homme; mais, Messire, ce n'est pas moi qui, il y a dix-huit ans, vous ai été choisir.

Rappelez-vous Othon de Terride, votre fils; il était mes amours et j'étais les siennes; il vous plut de me trouver belle, et comme mon père ne cherchait un mari selon mon cœur, mais un allié selon son intérêt, il pensa que le père, puissant seigneur de ce château, lui vaudrait mieux que le fils que ne l'avait qu'un espoir, à vous.

Je vous ai dit alors que j'aimais Othon, vous n'en avez tenu compte.

Ai-je été perfide, ou bien avez-vous été fou?

Vous avez chassé votre fils qui vous faisait peur, vous m'avez enfermée ici durant dix-huit ans, à votre merci; prisonnière par la force, je m'échappe dès que je le puis.

Sir Guittard de Terride, vous avez engagé votre parole de donner votre fille et ce château au sire Guy de Lévis, quand le sire de Montfort serait le seigneur reconnu de la Languedoc. Le pape a prononcé pour lui, tenez votre serment de bonne grâce, ou, ce par le Christ, vous le tiendrez par force.

A ces mots, le vieillard se leva tout chancelant, et prenant une épée de forte taille qu'il agitait avec une frénésie qui lui tenait lieu de vigueur.

— Hélas! s'écria-t-il, les Français sont-ils donc dans l'antre du lion, qu'une femme ose s'y montrer de cette insolence?

— Ils y sont, sire de Terride, reprit Guy d'une voix calme le château est en mon pouvoir.

— En ton pouvoir! dit le vieillard; ses murs se sont donc ouverts devant toi?

— Ce que la force n'eût pu faire, la ruse l'a emporté.

— La ruse, la ruse, n'est-ce pas? l'arme des femmes et des lâches... dit le vieux châtelain en s'avançant sur Guy; mais tu m'as oublié... moi?

En disant cela, il leva son épée; mais Guy, sans daigner tirer la sienne, saisit le bras du vieillard dont l'épée tomba, et le rejetant avec violence sur sa chaire, il s'écria d'une voix tonnante:

— Assez! assez! ce que j'eusse voulu obtenir de votre courtoisie, je l'aurai de votre obéissance. Qu'on prépare la chapelle.

A cet ordre, le vieillard se laissa tomber de son siége sur ses genoux et se mit à crier d'une voix lamentable:

— Mon Dieu! Seigneur! n'y a-t-il donc pas un homme ici!

— Il y en a, Monseigneur, dit une voix retentissante, il y en a plus d'un, et fussé-je le seul, c'est assez pour punir ce chevalier félon qui vous a osé toucher de sa main.

A l'instant même le pèlerin, dépouillé de sa longue robe, sauta par-dessus la balustrade, l'épée à la main; le sire de Lévis se retourna sans que son visage montrât la plus légère émotion et, mesurant d'un regard de dédain celui qui le menaçait:

— Fou! lui dit-il, combien êtes-vous pour vous attaquer à moi tout seul?

— Sire Guy, ils sont six dans cette tour pour me voir punir ton insolence et ta déloyauté. Oh! ne cherche pas ton cor pour donner aux tiens le signal d'accourir, car les portes de la seconde enceinte sont fermées, et si nous sommes en ton pouvoir au dehors, tu es ici à notre merci. Ce n'est pas une ruse de guerre nouvelle, tu le sais, sire Guy, toi qui reviens de Beaucaire?

— L'épée au vent pour le Romieu! cria Crédo en sautant la barrière avec les autres archers, tandis que le Maure s'était approché de l'enfant comme pour le couvrir de son corps.

— Et qui es-tu, misérable! lui dit Guy, pour t'opposer à l'exécution de la parole que ce vieillard m'a donnée?

— T'a-t-il donné cette parole, dit le pèlerin, sans aucune autre restriction que celle dont tu as parlé?

— Sans aucune autre, dit la comtesse Signis.

— Il n'a réservé les droits de personne?

— De personne, répartit la comtesse.

— Est-ce vrai, Messire, dit le pèlerin?

— C'est vrai, et je croyais promettre l'impossible quand j'ai fait ce serment, car je ne croyais pas tant d'iniquités assises sur le trône du vicaire de Dieu.

Mais toi-même, dis-moi, est-ce vrai que notre Saint-Père ait donné à ce barbare la suzeraineté de notre belle Langue-doc?

— C'est vrai, Messire, mais, sous cette condition même, étiez-vous donc libre d'engager votre parole?

— Qui êtes-vous donc, dit la comtesse avec hauteur, pour interroger ici?

— Puisqu'il n'y a dans cette demeure ni un cœur qui ait gardé un souvenir, ni une pierre qui ait gardé un écho de mon nom, je vous le dirai...

— Tu te trompes, Othon de Terride, dit le Maure en s'avançant; je t'ai reconnu dès que tu es entré; car je n'aurais pas laissé cet homme être si longtemps insolent si je n'avais su que nul n'a le droit de parler dans le château, quand son véritable maître s'y trouve.

— Et moi aussi s'écria Crédo, je vous avais reconnu, maître, et c'est pour cela que je vous ai laissé barricader les portes de la seconde enceinte, et que je vous ai suivi jusqu'ici.

V

Au nom d'Othon, le vieux sire de Terride s'était relevé: et ayant ramassé son épée, il se rangea à côté de son fils, comme si sa présence lui eût rendu la force avec l'espoir.

En même temps, le beau jeune homme, dont tout ce qui s'était passé jusqu'à l'intervention du pèlerin n'avait pas un moment détourné l'attention du manuscrit qu'il lisait, ce beau jeune homme, dis-je, vint se placer brusquement à côté du sir Guy de Lévis, et tira son épée sans prononcer une parole.

La comtesse Signis pâlit et tomba sur son siège, tandis qu'Ermessinde, à genoux devant elle, et la tête cachée dans son giron, s'écriait d'une voix lamentable:

— Oh! ma mère, ma mère, nous sommes perdues!

Au même instant, Guy, arrêtant le jeune homme qui s'était placé près de lui et qui semblait prêt à commencer l'attaque, lui dit d'une voix que n'avait point émue le danger qu'il courait:

— Laisse, enfant, ce n'est point à de nobles épées de chevaliers à se salir du sang de manants et d'imposteurs. Je te reconnais maintenant, maître pèlerin; je t'ai vu à Rome; mais là tu ne portais ni épée, ni cotte de maille; tu n'y portais pas même le bourdon; tu portais l'habit de marchand et la valise sur le dos; je t'y ai acheté la plume que j'ai jetée à mon toquet, et tu peux reconnaître aux pans de la robe d'Ermessinde la broderie que tu m'as vendue alors.

— C'est vrai, dit le pèlerin, et tu dois te souvenir sans doute aussi du jeune homme qui t'a mesuré cette broderie sur une canne de trois pans; eh bien! ce jeune homme a changé la canne du marchand contre une épée double en longueur, et avec cette épée il a tenu enfermés dans le château de Beaucaire, Lambert de Limou et soixante des meilleures lances françaises.

Ce bel apprenti marchand était le jeune comte de Toulouse, et je ne rougis point d'avoir fait le métier que mon suzerain a honoré en le partageant.

— Eh bien! dit Guy de Lévis, suzerain marchand et vassal marchand dégradés de noblesse par le concile de Latran, que venez-vous faire ici?

— Nous venons en appeler du jugement des prêtres au jugement de Dieu, et moi je viens crier à tous ceux de ce pays le dernier mot que m'a jeté le jeune comte de Toulouse en signe d'adieu: qu'en la cour de Rome il n'y a plus ni Dieu, ni foi, ni loyauté, ni loi (1).

— Paroles insensées! dit le sire de Lévis; et ne vous

(1) E de la cort de Roma forment clamaretz que nos val Dieus, ni fez, ni cauzimens, ni leitz.

a-t-on pas déjà assez rudement châtiés de vos rebellions que vous vouliez tenter encore une fois la colère du comte de Montfort et celle de ses chevaliers?

Voulez-vous donc qu'il vous écrase jusqu'au dernier? et veux-tu, toi, que le château de ton père soit, comme tous ceux des barons de la Languedoc, démantelé jusqu'au sol et changé en ruines?

— J'aimerais mieux le voir en pareil état, messire Guy de Lévis, que de le savoir entre tes mains.

— Et il y serait depuis longtemps, si je n'avais ménagé ton vieux père par pitié pour sa faiblesse et par amour pour sa noble fille.

— Tu mens, sire chevalier, dit Othon, et ce château, fût-il ainsi tombé dans tes mains, tu ne t'en croirais pas encore le maître, car tu es encore plus habile politique que grand donneur de coups d'épée:

Ne disais-tu pas ce soir même à l'abbé de Saint-Maurice:
« L'étoile de Montfort pâlit, et ceux qui n'auront en ce pays de châtellenies que par droit de conquête, courent grand risque de les perdre avant qu'il soit peu, comme Montfort perdra sa suzeraineté, malgré toutes les bulles du pape et de ses conciles. Aussi veux-je asseoir mes droits au château de Terride et au marquisat de Mirepoix, sur les titres plus certains que ceux de l'épée, sur le mariage et l'hérédité. »

Mais le mariage ne peut pas, et le droit d'hérédité m'appartient; et toi, qui avais si grande hâte de conclure ton union, pour retourner auprès de Montfort qui rappelle à lui tous ses chevaliers, pressé qu'il est de toutes parts par les Provençaux, tu n'iras point lui dire que non-seulement il ne recouvrera pas Beaucaire, mais qu'à l'heure qu'il est, Toulouse lui échappe, et rentre dans la possession de son vieux comte.

— C'est toi qui mens, cria Gui de Lévis, que cette nouvelle troubla profondément; Toulouse est démantelée, elle n'a plus ni murs, ni créneaux, ni palissades, ni tours; elle n'a plus ni armes ni armures; elle n'a plus ni soldats ni barons; c'est un cadavre que nous avons frappé du talon, déchiré du fouet de nos chiens, et qui n'a pas remué.

— Mais le cadavre s'est relevé, dit Othon de Terride, car son âme est rentrée en lui avec le comte Raymond de Toulouse; et sa force, avec le comte Bernard-Roger de Foix!

— Mon fils! mon fils! mon fils! alors le vieux sire de Terride, raconte-moi toutes ces merveilles, pour que je ne meure pas avec le désespoir de voir notre terre en la possession des barbares, pour que j'aille porter, à ceux qui ont été au ciel devant nous, que la Languedoc a enfin relevé sa bannière et sa double croix rouge.

— Mon père, vous entendrez ce récit dans quelques heures, car avec vous d'autres auditeurs doivent m'entendre, et le sire Guy de Lévis va tout à l'heure donner l'ordre à ses hommes de leur en ouvrir les portes.

— Faites-le, dit tout bas la comtesse Signis au sire Guy.

Un regard d'Ermessinde lui adressa la même prière, et tout aussitôt Lévis dit à son jeune compagnon d'un air tranquille:

— Va, Michel, donne à mes hommes l'ordre d'ouvrir la poterne, et je ne demande d'autre condition pour eux que de sortir libres de cette enceinte où mon imprudence les a entraînés.

— Ni toi ni eux n'en sortirez, dit Othon, mais tous vous aurez la vie sauve.

Crédo, prends l'épée de ce chevalier et conduis-le avec deux des tiens à la salle du Paon; elle est, si je m'en souviens, de bonne garde pour ceux qu'on y enferme. Et vous, jeune homme, ajouta-t-il en s'adressant à celui que Guy avait appelé Michel, venez sous mon escorte donner l'ordre que vous venez de recevoir.

Michel se tourna vers le sire de Lévis qui lui dit d'obéir, tandis que les deux comtesses échangeaient des signes avec le prisonnier.

— Quant à toi qui m'as dit mon nom, maure ou chrétien, je te laisse en cette salle avec ces deux archers pour empêcher les femmes de commettre quelque trahison en notre absence...

Car, hélas! je le vois, ajouta-t-il en se tournant et en voyant son père retombé sur son fauteuil, celui qui devrait commander ici n'a plus la force même de supporter une espérance.

— Je ferai ce qu'il faudra, répondit cet homme.

— Dis-moi donc qui tu es, pour que j'apprenne au comte de Toulouse, quand il en sera temps, quel fidèle serviteur ou quel fidèle allié il doit récompenser.

— Je n'ai plus de nom parmi les hommes, si même j'en ai jamais eu un. On m'a appelé Buat, on m'a appelé l'Œil-Sanglant, on m'appelle ici Ben-Ouled ; mais ceux qui savent pourquoi je vis, m'ont nommé le Couteau-de-Merci.

A ce nom, Guy de Lévis se retourna et regarda cet homme d'un air de dégoût.

Puis un sourire amer erra sur ses lèvres. Son regard chercha l'enfant qui se tenait éveillé sur les genoux d'une femme, et il sortit d'un air calme.

Une heure s'était à peine écoulée, que la poterne avait été ouverte, et que plus de dix chevaliers, suivis chacun d'un certain nombre d'hommes, avait pénétré dans le château.

Ceux de Guy avaient été enfermés dans une des salles de la deuxième enceinte, et, les gardes nécessaires ayant été posés aux endroits convenables pour se munir contre toute surprise, les chevaliers se rendirent tous dans la salle où s'était passée la scène précédente, les nobles du côté occupé par le seigneur, et les comtesses, les suivants d'armes, écuyers et autres derrière la barricade.

On avait rallumé le feu, remplacé les cierges et bougies, et chacun ayant pris place, l'un des chevaliers se leva et dit :

— Tu t'es présenté à chacun de nous avec un parchemin à cachet portant les armes du comte de Toulouse, nous priant d'avoir foi en tes paroles.

Tu nous as mandés ici pour cette nuit, et nous sommes venus ; car s'il nous eût répugné d'obéir à l'ordre d'un suzerain qui a livré le Languedoc aux Barbares, nous n'eussions pas voulu repousser l'ordre d'un père qui nous implore au nom de son fils.

— Il faut que vous sachiez, barons, quel est ce fils et ce qu'est devenu le père, et ensuite vous déciderez ce que vous voulez faire.

Écoutez donc le récit d'un homme qui, chassé et proscrit de ce pays, n'a pu apprendre ses infortunes sans se sentir dévoré du désir de leur porter remède, quoique cette terre lui ait été plus inhospitalière qu'à vous, quoique ce suzerain ait abandonné son droit et confirmé son exhérédation.

Un silence profond s'établit, et voici quel fut le récit d'Othon de Terride.

VI

J'étais à la cour d'Angleterre, barons, lorsqu'il y a un an, un jour que nous étions à la chasse avec le roi Jean, un enfant de mine modeste et comme il convient à ceux qui ont un courage véritable, vint auprès de Sa Majesté, et lui tendant une lettre, il lui dit :

— Lisez cette lettre, monseigneur, et dites-moi si je dois reprendre ma route.

— Qu'est ceci ? fit le roi, qui était d'humeur craintive. N'y a-t-il aucun maléfice en cette lettre ?

Lors se tournant vers moi, il me dit :

— Prends-en lecture, Othon, et nous répondrons ensuite.

Je pris la lettre, et je ne puis vous dire quel tressaillement me prit à la vue de la double croix de Toulouse pendant au parchemin.

C'était le cachet du suzerain qui avait, vingt ans avant, rejeté ma prière, quand mon père, fasciné par un fatal amour, me fit déclarer traître et félon pour garder sa châtellenie aux enfants à venir de sa nouvelle épouse.

Une colère terrible s'empara de moi, et si ce n'eût été la jeunesse du messager, je l'eusse provoquée comme responsable des injustices de son maître ; cependant je lus la lettre, et à mesure que je la lisais, à mesure que je voyais détaillés devant mes yeux les malheurs de la patrie, je sentis cette colère s'amollir ; puis enfin quand je lus que ce noble enfant qui avait traversé l'Aquitaine, la Bretagne et la Normandie, à pied, seul, et vivant d'aumônes, était le fils du puissant comte Raymond, duc de Narbonne, marquis de Provence, cette haine se fondit en larmes, et le roi m'interrogeant d'un air étonné, je lui répondis :

— Cet enfant qui est là, couvert de sueur et de poudre, avec des habits déchirés, est le fils de votre sœur Jeanne. C'est le jeune comte Raymond de Toulouse.

Tous les barons anglais se regardèrent, touchés de tant de misères avec un si grand nom, et de tant de courage avec un si grand malheur.

Chacun voulait partir et suivre le noble enfant ; mais après le premier élan de cette pitié, quand vint l'heure des conseils, le secours ne la suivit pas, si bien, mes maîtres, que le jeune comte ne recueillit de tant de belles promesses que des lettres du roi pour Sa Sainteté Innocent III, et quelques livres sterling pour qu'il pût se rendre en meilleur équipage au concile assemblé pour juger ses droits. Mais pas un seul chevalier ni baron ne lui offrit ni son appui ni sa lance.

Aucun n'y était tenu, et la générosité est libre ; mais j'eusse mérité de voir briser mes éperons par la main du bourreau, j'aurais mérité le jugement que l'amour aveugle d'un père arracha à l'indolence aveugle du suzerain, si j'avais vu tant de malheur et tant de résignation, avec tant de persévérance, sans retrouver en mon cœur le souvenir de la foi dont on m'avait délivré.

Sires barons, je possède en Angleterre trois châtellenies qui valent chacune trois fois celle-ci ; je les remis au roi Jean pour la remise du serment que je lui avais fait, et je partis comme serviteur et domestique du jeune comte, quoiqu'en apparence je fusse son maître ; car, messires, il ne faut point croire que, pour traverser la France et la Bourgogne, ses ennemies, et la Provence, son ancienne terre, il eût un voyage comme un seigneur de tant de comtés eût dû le faire, s'il restait en ce monde ombre de loyauté et de justice ; non ! travestis, moi, sous l'habit d'un marchand, lui sous celui d'un apprenti, nous avons fait à pied le voyage jusqu'à Rome ; si bien qu'en arrivant dans cette ville, nous fûmes arrêtés par des Français, par le sire Guy de Lévis lui-même, qui était là tout à l'heure, et qu'il fallut lui donner la broderie d'or qu'il destinait à celle qu'on appelle ma sœur.

Or ce fut alors que la jouvenceau que ma prudence avait peine à calmer, brisa sa canne et me dit :

— Oh ! je mesurerai moins long de terre au maître de cet homme que je ne lui ai mesuré de broderies ; il n'en aura que six pieds, ce qu'il faut pour un cadavre, où je serai mort avant un an.

Ah ! le sang provençal parlait en lui en ce moment, et ce qu'il a fait et que vous allez entendre vous apprendra que ce n'est pas vanterie.

Alors nous entrâmes à Rome où se trouvaient déjà les comtes de Toulouse, de Foix et de Comminges.

Ce n'est pas ainsi qu'ils nous attendaient, ne pouvant s'imaginer qu'un roi et un oncle n'osassent pas mieux protéger le fils de sa sœur et le seigneur qui en avait appelé à sa justice. Mais telle fut cependant notre arrivée.

Et si notre séjour ne fut pas si misérable que notre voyage, cela tient à des causes qui ne sont à l'honneur ni du saint père ni d'aucun baron romain.

— Ce sont ces causes sur lesquelles nous voulons être instruits, dit une voix grave et mâle et dont Othon était en pourparlers avec des chevaliers français, j'en ai entendu faire d'étranges récits.

— Sire Guillaume de Minerve, reprit Othon, crois-tu la langue des Français plus loyale que leur épée ? et penses-tu qu'ils ne s'entendent pas aussi bien à ruiner la fortune d'un ennemi, par la calomnie, que par les armes ?

— Je connais les Français mieux que toi pour les avoir combattus face à face depuis bientôt dix ans ; mais je connais encore mieux le sang de Raymond, et de ce traître comte qui nous a livré le premier à l'invasion des barbares, toujours prêt à se vendre à qui peut lui profiter, qui a promené son hommage de Philippe de France à Richard d'Angleterre, et qui l'offrirait à quelque roi sarrazin de l'Espagne, s'il le croyait nécessaire à quelque nouvelle trahison.

— Je parle du jeune comte son fils, messire, dit Othon ; je parle de ce que j'ai vu, et non de ce qu'on me rapporte.

— Eh bien ! sire baron de Terride, vous êtes Anglais plutôt que Français et que Provençal, et quoique vous fassiez semblant de vous plaindre ici de la couardise et de l'avarice du roi Jean, peut-être n'avez-vous pas tant à le blâmer en secret.

Le voyage a été rude, et il ne pouvait être autrement ayant à traverser des terres ennemies ; mais le séjour a été splendide, grâce à qui, sire de Terride ? grâce à la comtesse de Norwich, dont la fille Régina tient de si près au roi Jean que le comte de Norwich a répudié sa femme, et l'a renvoyée à Rome où il l'avait prise lorsqu'il avait été y faire pénitence pour s'être battu un vendredi saint.

Or, messire de Terride, le roi d'Angleterre aime assez cette fille pour lui souhaiter un mari comme le jeune comte de Toulouse et aider ce mari à devenir riche et puissant ; mais le roi d'Angleterre connaît trop bien la valeur de toutes choses pour donner son secours par pure générosité ou par amour paternel, et s'il aide son gendre à reprendre ses comtés, c'est qu'il est peut-être convenu d'avance que ce gendre lui en fera hommage, et abandonnera la suzeraineté du roi de France pour la sienne.

Voilà pourquoi nous tenons à savoir les causes véritables de ce splendide séjour à Rome.

Othon écouta les paroles de Guillaume de Minerve d'un air soucieux et contrarié ; puis, ayant gardé un moment le silence, il laissa venir un léger sourire sur ses lèvres, et sa figure prit une expression railleuse et gaie.

— Sires barons, dit-il, lorsque, chassé de la Provence, je m'en allai de ville en ville jusqu'à Bordeaux où était la fleur de la chevalerie du monde, le roi Richard, je n'avais pour me faire accueillir, ni nom, ni grands faits d'armes à invoquer ; mais j'avais emporté avec moi de ce pays la gaie science des jongleurs, qui y semble un don de nature, et je vous jure qu'en ce temps-là j'aurais payé cher pour pouvoir raconter une aussi gracieuse et sincère aventure d'amour que celle du jeune comte et de la belle Régina ; car, sur mon âme, je vous le jure, c'est seulement une aventure d'amour.

— Eh bien ! crièrent quelques voix, dites-nous-la, sire de Terride.

— Qu'il nous l'explique comme un homme de sens et de vérité, dit Guillaume de Minerve, et nous jugerons ce qui en est.

— Non, s'écria-t-on de tous côtés, qu'il nous la conte ; comme bon trouvère, qu'il nous la dise en chanson, et nous jugerons encore mieux.

À ce vœu tumultueusement exprimé par tous les chevaliers se mêla le murmure suppliant de tous les hommes d'armes et servants qui étaient de l'autre côté de la balustrade, et Othon, jugeant que peut-être il obtiendrait plus de cette chanson que de son grave récit, fit un geste de contentement.

— Ah ! s'écria Guillaume de Minerve, chevaliers provençaux, ne changerez-vous jamais ? Vous donnerez la vie de vos enfants et l'honneur de vos femmes pour une chanson, et vous oublierez le combat pour les contes du jongleur.

— Nous avons le temps pour tout, dit Terride, et ce conte ne sera pas inutile, car il vous apprendra à connaître que si, avec le jeune Raymond, la justice et l'équité doivent rentrer en Provence, la courtoisie et la galanterie, chassées par les barbares Français, y reviendront aussi avec lui.

Un murmure flatteur accueillit ces paroles ; chacun se pencha vers Othon d'un air plus attentif que lorsqu'il parlait des destinées de la Provence, et le sire de Terride commença ainsi, parlant en vers rimés et les déclamant d'une façon chantante :

VII.

— Le lendemain de son arrivée, le vieux comte Raymond avait dit à son fils :

» Va chez l'évêque d'Osma pour lui remettre la lettre du roi Jean ; aborde-le avec soumission et respect, car c'est un homme qui aime qu'on le prie ; et plus tu te montreras humble et pauvre, plus il tiendra à l'honneur de te favoriser.

» Il est de ceux qui refusent la justice à ceux qui la demandent la voix haute, et qui donne l'impunité à qui la sollicite à genoux. »

Le jeune comte se dirigea vers le palais de l'évêque-cardinal, quoique avec regret ; car il n'était pas d'une âme à plier sous son infortune ; mais les avis de son père et les conseils des autres comtes, ses amis, le déterminèrent et il partit.

Le palais du cardinal était éloigné de plus de deux milles de la ville, si bien que lorsque le jeune comte arriva, après avoir fait la route à pied par un soleil brûlant, il se trouva si fatigué qu'il eut à peine la force de remettre son message à l'évêque, et qu'il s'endormit sous la galerie ouverte et parfumée de fleurs où il attendait le moment d'être introduit.

L'évêque, homme fier et vain appelé au concile, sortait en ce moment, accompagné de la comtesse de Norwich, sa sœur, et de Régina sa nièce, la fille de la comtesse, disant qu'il verrait le jeune comte en passant comme il eût fait pour un suppliant de basse extraction.

Lorsqu'il fut arrivé avec sa suite sous la galerie, le clerc chercha des yeux le jeune comte, et, le voyant endormi, il allait le secouer rudement pour l'éveiller, mais la comtesse de Norwich l'arrêta en s'écriant d'une voix émue.

« Pauvre bel enfant ! »

Elle avait dit vrai, car jamais plus noble beauté ne se montra sous un habit plus simple, pour ne pas dire plus misérable. L'évêque lui-même, tout dur qu'il était, ne put s'empêcher d'avoir un moment de commisération pour son air de souffrance ; car à la vive rougeur qu'avait d'abord excitée la marche, avait succédé une triste pâleur et un froid douloureux.

Le seigneur évêque passa donc sans qu'on éveillât le jeune Raymond, et ordonna seulement qu'on lui dit d'attendre son retour.

Cependant la comtesse, qui était une femme pleine de bonté, mais qui se plaisait à de folles imaginations, fit enlever doucement le beau dormeur par ses femmes, qui ne trouvaient pas trop lourd le poids d'un si gentil chevalier, et le fit déposer en un cabinet tout pavé de mosaïques, tout tapissé de peintures et sur un lit tout de duvet et de soie.

Puis la comtesse et sa fille, qu'elle aimait avec plus de tendresse que de prudence, s'étant vêtues de longues tuniques blanches et de voiles sévères, se placèrent à côté de son lit pour voir quel serait au lieu de son étonnement et son trouble en se voyant en un lieu inconnu.

Bientôt, en effet, le jeune comte sortit de son pesant sommeil, et se rappelant confusément le sujet de son voyage, il se leva d'un seul bond, et demeura confondu en voyant cette chambre étroite et close au lieu de la galerie vaste et ouverte où il se rappelait s'être endormi.

S'il eut un moment de crainte, car personne ne peut dire que jamais un mouvement de crainte soit entré dans ce jeune cœur, il s'effaça bien vite à l'aspect de cette douce prison et de ses belles gardiennes.

Le jeune comte les contempla un moment avec une appréhension respectueuse, puis avec une amoureuse dévotion, et, s'étant mis à genoux, fasciné par tout ce qu'il voyait, il se prit à dire :

— Saintes habitantes du ciel, êtes-vous donc venues sur la terre pour protéger un infortuné?

— Pour qui nous prends-tu donc? dit de sa douce voix Régina, qui eut peine à retenir un sourire.

— N'êtes-vous pas, dit le comte agenouillé et les larmes aux yeux, la Vierge sainte, mère du Seigneur Jésus-Christ, et celle qui vous accompagne n'est-elle pas Marie-Madeleine, la pécheresse?

La comtesse Livie de Norwich se mordit les lèvres de dépit.

Mais elle n'était pas femme à se courroucer pour longtemps d'une méprise qui ressemblait à la vérité, à la vérité près ; car elle ne se cachait pas de cette vérité, et n'était pas célèbre seulement par ses amours avec le roi Jean.

— Tu as dit vrai, jeune homme, reprit-elle, et notre protection ne te manquera pas, si tu en es digne par la valeur comme par ton lignage, par ta courtoisie envers les dames comme par ta beauté.

— Hélas ! dit le jeune comte, je n'ai encore pu apprendre des devoirs d'un chevalier que ce qu'en ignorent la misère et l'exil : le courage et la constance à souffrir. Mais vienne le jour où j'aurai reconquis mon héritage, et j'ai fait vœu de bâtir une église sous l'invocation de Notre-Dame-de-Bon-Secours et de la Madeleine repentante.

— Ce n'est point assez, beau chevalier, dit la comtesse, tu feras ouvrir un pas d'armes où tu soutiendras, contre tous ceux qui se voudront présenter, que nulle dame vivante n'est plus belle que la Vierge sainte, mère du Seigneur.

— Et que sa compagne Marie Madeleine, ajouta Régina, pour flatter la vanité de sa mère.

— Ainsi ferai-je, dit le jeune comte avec humilité.

— Tu porteras donc, lui dit la comtesse, le titre de chevalier des Dames du Ciel, et tu n'auras que leur amour dans le cœur.

Raymond en fit serment d'une foi sincère et sans prévoir ce qui pourrait lui en advenir. Puis, après qu'elles l'eurent interrogé sur son voyage et ses espérances, tandis qu'il demeurait toujours agenouillé, la tête baissée, elles laissèrent le comte tout seul dans l'obscurité, car il ne fut était venue.

Puis tout à coup le jeune comte se sentit saisi par des mains robustes, et enlevé avec rapidité ; et lorsqu'on lui eut rendu la liberté, il se trouva sur le chemin de Rome.

Comme il cherchait à se reconnaître, un homme lui glissa ces mots dans une oreille :

— Si tu veux revoir la bienheureuse Madeleine, vas la prier dans l'église de Saint-Pierre.

Et une voix plus douce lui murmura dans l'autre :

— Si tu veux revoir la bienheureuse Vierge, va la prier à la chapelle de la Visitation.

Avant qu'il eût le temps de répondre, une troisième voix, mais haute et impérative, lui cria :

— Prends ce cheval et ce qu'il porte ; mais, sur ta vie, ne reviens jamais en ce palais.

Presque aussitôt, tout le monde s'était éloigné, et il se vit seul.

Un cheval bien caparaçonné était sur la route. A la selle pendait un sac de velours rempli de pièces d'or.

Le jeune comte revint à Rome, où il retrouva ses compagnons, à qui il raconta l'apparition qu'il avait eue.

Le comte de Commminges en voulut rire, mais le vieux comte de Toulouse, plus sage et plus avisé, y vit un signe manifeste que, si la protection des évêques manquait à la cause du jeune comte, celle du ciel, qui est bien différente, ne leur manquerait pas.

Cela le reconforta pour paraître le lendemain devant l'assemblée des évêques, qui se tenait au palais de Latran, près de la porte Latine.

Or, après y avoir comparu, et comme le jeune comte...

— Sire de Terride, dit Guillaume de Minerve en se levant, puisque ces chevaliers ont voulu une chanson d'amour avant un récit sérieux, ne rejette pas tout-à-fait celui-ci pour une heure où nous ne pourrons plus l'entendre, et conte ces choses comme elles sont arrivées.

Que se passa-t-il dans cette entrevue ?

— Soit, dit Othon charmé de pouvoir reprendre son récit ; je vous montrerai ce qui s'est passé aux yeux de tous, et je vous dirai ensuite ce secret qui, je le vois, a été calomnié.

Il s'arrêta un moment, et reprit :

— Lorsque les comtes de Toulouse, de Foix et de Commminges parurent devant le concile, quatre cents évêques ou abbés étaient présents, et jamais plus magnifique spectacle ne s'offrit aux yeux d'un homme : tous vêtus de rouge et de violet, portant la mitre, l'aumusse et la crosse, rangés dans la basilique constantinienne, sur des gradins revêtus de pourpre, tandis que le Saint-Père, assis sur une chaise d'ivoire et sous un dais de brocard d'or, était placé au milieu du chœur.

Le vieux comte de Toulouse, qui reconnut parmi tous ces assistants la plupart de ceux qui l'avaient condamné, lui et les siens, au concile de Saint-Gilles, entra d'un air humble et soumis, tenant son fils par la main, et tous deux s'allèrent jeter aux pieds de notre seigneur le pape, qui les releva avec bonté et embrassa le jeune comte.

Mais le vaillant Roger Bernard de Foix parut la tête haute, le regard fier, la main sur la poignée de son épée, et resta debout au milieu de l'assemblée.

Puis le Pape ayant donné licence au comte de Toulouse d'exposer ses griefs, celui-ci répondit modestement qu'il avait le cœur trop ulcéré pour être sûr de se contenir dans un langage modéré, et qu'il avait chargé le comte Roger Bernard de faire valoir leurs droits.

— Sans doute, dit Guillaume de Minerve de sa voix grondeuse et rude, pour pouvoir renier les paroles du loyal comte de Foix si besoin était, et pour se séparer de lui si quelque nouvelle trahison lui promettait meilleure chance de succès.

— Guillaume, dit le Maure Ben-Ouled, tes malheurs ne sont pas plus grands que ceux d'aucun de nous, pour te rendre plus sévère que nous le sommes ; écoute donc en silence, comme nous faisons.

— Mais qui es-tu, toi ! dit Guillaume, Sarrazin, qui te vantes d'avoir souffert de nos malheurs ! Et comment se fait-il qu'un homme de ta sorte soit dans cette assemblée ? Qui t'y a amené ? Es-tu au service du sire de Terride ?

— J'ai trouvé cet homme en ce château, répartit Othon, et il m'y a prêté secours pour arrêter le sire Guy. Il m'a dit se nommer...

— Garde mon nom pour toi, sire de Terride, dit Ben-Ouled. Je le dirai à tous quand il en sera temps.

— Continue, continuez, dirent les autres chevaliers, à qui cette interruption déplaisait ; et le sire de Terride reprit :

— Le comte de Foix s'étant avancé au milieu de l'assemblée, tint alors ce discours d'une voix mâle et ferme :

« Seigneur, vrai pape de qui le monde entier relève, et qui as été élevé sur ce siège pour maintenir ses intérêts, nous sommes venus, moi, le puissant comte, mon seigneur, et son fils, pour réclamer notre droit. Le puissant comte mon seigneur, s'est mis, lui et sa terre, à ta merci, et t'a rendu la Provence, Toulouse et Montauban ; et moi-même, à ton ordre, j'ai rendu mon château de Foix avec sa noble forteresse, château si fort, qu'il se serait de lui-même défendu ; où tout abondait, le pain et le vin, la viande et le froment, l'eau et le feu, où j'avais maints braves compagnons et de nombreuses armures, et que je ne craignais pas de voir prendre par la force.

» Eh bien ! depuis que nous sommes sous ta protection, comme avant, les habitants sont partout livrés au supplice et à la mort par le plus méchant des hommes, par Simon de Montfort ; les barons sont dépouillés de leurs terres, les citadins de leurs droits, et tous sont à la merci du bourreau, sous prétexte d'un crime d'hérésie que je démens ici pour moi, pour le comte mon seigneur, et qu'il n'est point nécessaire de démentir pour son fils, puisque lorsqu'ont commencé la guerre et la persécution, il était d'âge si tendre, qu'il n'a pu faillir ni contre l'Église ni contre personne.

» Ce récit étant vrai, je te demande pour l'honneur de quel saint et le droit de quel suzerain tu approuverais que Raymond, pour ne parler que de lui, fût dépouillé de ses villes et de ses terres en faveur d'un mendiant anglais qui a surpris l'honneur de la noblesse de France, et qui a acheté les prédications de tes évêques.

» A ces mots, un grand murmure s'éleva, et Foulques, l'astucieux évêque de Toulouse, l'ennemi implacable du comte, l'émissaire de Simon de Montfort, se leva hardiment, et coupant la parole à Roger Bernard, il s'écria :

» — Tu l'entends, seigneur pape, le blasphème étouffe la prière dans sa bouche.

» Il dit qu'il n'a point participé au crime d'hérésie, et moi je vous dis que c'est dans sa terre que l'hérésie a jeté les plus profondes racines ; elle était pleine de Vaudois, pour lesquels il a fait bâtir le château de Mont-Ségur, afin de les y réfugier.

» Sa sœur était l'âme des conseils des hérétiques, et lui, le comte de Foix, au lieu de la bannir, il l'a logée et nourrie en son château de Saverdun ; et lorsque les pèlerins, les croisés sont venus pour punir et anéantir l'hérésie, il s'est mis en campagne contre eux, et en a tant tué, tant taillé en pièces, tant mis à sacré, que leurs ossements ont fait une croûte blanche sur la campagne de Montjoie, sans compter les mutilés, les aveugles, les manchots, tous ceux qu'il a martyrisés.

» Donc je dis de cet homme ne doit plus avoir terre en ce monde, et qu'il aura la damnation éternelle en l'autre.

» Un murmure de satisfaction accueillit les paroles de Foulques ; mais, à ce murmure, le front du pape se rembrunit ; il impose silence à tout le monde du geste et de la voix, et ordonne au comte de répondre.

» Celui-ci, plus fier, plus calme, plus assuré que jamais, reprend aussitôt :

» — Non, je n'ai point aimé et protégé les hérétiques, ni les novices, ni les parfaits ; je n'ai point fait bâtir le château du Mont-Ségur pour eux, car ce château n'est point sous ma dépendance ni sur mes terres. Si ma sœur a péché, je n'en suis point cause ; et si elle a habité l'un de mes châteaux, c'est qu'elle en avait le droit, car le comte mon père voulait que ceux de ses enfants qui voudraient vivre sur la terre où ils étaient nés y fussent protégés et accueillis par celui qui la tenait comme suzerain, et que je n'ai pas l'habitude de rejeter le droit d'autrui comme une chose sans valeur, parce qu'il me porte préjudice.

» Je vous le jure par le Seigneur qui fut mis en croix, jamais bon pèlerin ou Romieu paisible, cheminant pieusement vers quelque saint lieu, n'a été repoussé ni molesté par moi ou mes hommes.

» Mais ces voleurs, ces traîtres sans honneur et sans foi, portant cette croix qui nous a écrasés, je vous le jure qu'aucun n'a été pris par moi ni les miens qu'il n'ait perdu les yeux, les pieds, les mains ; je n'en ai rencontré nulle troupe que je n'y ai frappé jusqu'à ce que ma lame ait été brisée ou mon bras pendant de fatigue.

» Et si j'ai quelque joie dans la douleur où je suis de voir la misère de monseigneur le comte, c'est d'en avoir tant tué et détruit ; et si quelque regret trouble cette joie, c'est de n'en avoir pas tué davantage ; et si quelque autre me reste, c'est d'exterminer tous ceux qui ont échappé ou fui jusqu'à ce jour. »

Foulques voulut se lever à cette parole ; mais le comte continua d'un air fier et méprisant :

» Quant à cet évêque qui parle si haut, je vous dis, moi, qu'il nous a tous trahis, car le voilà, lui, qui, grâce à ses chansons de jongleur qui perdent quiconque les lit et les chante. vous a si bien extorqué les présents et les bijoux, que de bateleur il s'est fait moine, de moine abbé, d'abbé évêque, et qu'il est devenu, après avoir partagé la livrée des valets de mes chiens, un si puissant personnage, que personne ici n'ose se lever pour le contredire.

» Et cependant c'est lui qui a allumé dans le pays de Toulouse un tel feu, que toute l'eau de tes baptistères ne pourra l'éteindre. Et c'est un pareil monstre que vous appelez un légat de Rome.

» Quant à moi, j'ai refusé de remettre mon château en ses mains que du seigneur pape, car je le tiens pour un mécréant qui volerait le Christ lui-même.

» Je l'ai remis de bonne volonté à l'abbé de Saint-Tibère, et c'est à toi que je le réclame, seigneur pape, car celui qui retient indûment ce qui lui a été remis de bonne foi ment à sa parole et dégage tout homme de ses serments.

» Une fois encore les évêques répondirent par mille murmures menaçants au discours du comte de Foix ; mais une fois encore Innocent arrêta l'élan de leur colère, et s'adressant au comte, il lui dit :

» — Tu as justement discouru en faveur de ton droit ; mais tu as trop méconnu le nôtre, car tu oublies que vous êtes appelés tous ici pour répondre à l'imputation d'hérésie pour laquelle vous avez déjà encouru la peine ; donc, avant de demander tes terres, il faut que l'absolution te soit accordée.

» — Et vous ne pouvez la lui accorder, dit Foulques, la pâleur de la colère sur le visage. Il est hérétique dans l'âme et dans le fait, méconnaissant les jugements des évêques, donnant asile aux bandits condamnés, et à leurs enfants quand ils sont morts.

» — Tu m'en fais souvenir à propos, s'écria le comte de Foix ; oui, j'ai donné asile aux fils de ceux que vous et cette exécrable race de Français vous avez condamnés ; oui, seigneur pape, j'ai recueilli dans mon château l'enfant du noble Roger, le vaillant vicomte de Béziers, que Simon de Montfort a empoisonné, ne pouvant le vaincre ; et je vois d'ici le fou furieux qui, sachant que la vicomtesse de Béziers portait en son sein un héritier des comtés de son époux, accusa d'hérésie, convainquit de ce crime et fit dessécher incapable d'hériter l'enfant qui n'était pas né. C'est pour toi que je parle, frère Dominique.

» — Non ! depuis qu'en face de la chrétienté le vicomte Roger, cette fleur du courage et de la courtoisie, a été martyrisé, toutes les splendeurs des nobles vertus sont amoindries, comme si de chaque couronne il était tombé son plus brillant diamant.

» Mais enfin, puisqu'il est mort, ne rendras-tu pas sa terre à son fils déshérité ? Il y va de ton honneur ; car je renvoie à ton âme toutes les fautes que pourra commettre la victime qui n'aura trouvé devant les hommes ni justice ni équité.

» Rends-lui tout sur l'heure, terre et seigneurie, ou bien je te redemanderai tout au jour du jugement, ce jour où tu seras jugé. »

Comme le sire de Terride répétait d'un ton fier et sauvage le discours du comte, une voix exaltée et pleine de larme à la fois s'écria :

— Noble comte de Foix, noble comte, tu m'as tenu parole !

Tous les chevaliers, déjà émus par ce récit, furent tellement saisis par cette exclamation, qu'ils s'écrièrent tous avec de grands battements de main :

— Honneur au comte de Foix ! c'est le brave et le fier, l'invincible et le juste !

— Continue, reprit vivement Guillaume de Minerve ; que répondit le seigneur pape à cette parole ?

— Un seul mot triste et décevant :

« Justice sera faite. »

Puis il se retira dans ses jardins où trois cents abbés et évêques l'ayant suivi, ils changèrent en crainte ses bonnes dispositions, lui remontant les services de Simon de Montfort, l'obsédant de prières, de larmes, de menaces, jusqu'à ce qu'il prît le parti de laisser à Simon la terre de la Languedoc, réservant seulement au jeune comte la Provence, qui est au pouvoir de Simon comme tout le reste.

Puis il a absous les quatre comtes et les a reçus bons catholiques.

— Indigne et illusoire justice ! s'écria-t-on.

— Pauvre bienfait ! dit Guillaume.

— Tout est perdu ! dirent les chevaliers.

— Ah ! reprend Othon en se levant avec énergie, tout est gagné. Il n'y a plus de crime d'hérésie, donc il n'y a plus de prédicateurs, il n'y a plus de croisade ; car j'ai encore les der-

nières paroles du seigneur pape dans les oreilles, le jour d la dernière audience :

« Il est temps que cessent ces désolations dont nous sommes tous fort blâmés, moi, plus que vous, seigneurs évêques ; il est temps de fermer les blessures de ces populations dont l'âme pleure et dont le cœur saigne.

» Allez donc porter à ces malheureux pays la concorde et la paix. Recommandez la foi au Seigneur, et ne faites pas en son nom des choses qu'il a défendues. Quiconque en prêchera davantage, le fera contre ma volonté. »

J'étais présent aussi lorsque le comte de Toulouse lui a dit :

« Seigneur pape, la faute en est à toi si je n'ai plus de terre ce que j'aurais pu en franchir dans mes jeux d'enfant ; la faute en est à toi si je ne sais où poser le pied ; c'est pour t'avoir rendu mes villes que je suis en telle détresse, que je n'ai plus ni asile, ni pain ; que toutes nos fautes retombent donc sur toi ! »

» — Vieillard, lui répondit doucement Innocent, le visage plus triste qu'irrité, ces félons d'évêques m'ont forcé de mentir à la justice ; mais prends patience, toi et moi nous en serons bientôt vengés. Laisse-moi ton fils. Je lui ferai un héritage ; je lui garde la terre du Venaissin, Avignon et Beaucaire, jusqu'à ce que je voie si je peux lui rendre tout. En attendant, que Simon garde le Languedoc. »

« — Seigneur, dit l'enfant, il n'y a pas de partage possible entre un homme de Wencester et moi ; et puisque tout se décide par la guerre, à ce que je vois, je me demande que la faveur d'en appeler à mon épée ; car il n'y eût jamais eu d'homme assez puissant pour renverser Toulouse, si l'Église n'existait pas.

» Mais ma cause est si juste, que je la soutiendrai contre les ennemis les plus fiers, et nous reconquerrons Toulouse la belle ville.

» Tu as assez fait pour nous ; tu nous as délivrés des chaînes qu'attachait à notre cou l'accusation du crime d'hérésie ; et maintenant, gare aux tigres qui dévorent mes provinces ; les lions sont lâchés ! »

De nouveaux applaudissements éclatèrent de toutes parts ; mais presque aussitôt un effroyable tumulte, venu du dehors, couvrit les cris de joie des chevaliers.

Voici quelle en était la cause.

Trois hommes voulaient pénétrer dans la salle ; et comme le côté de la galerie par où ils entraient était occupé par les servants des chevaliers qui ne les connaissaient pas, ceux-ci les repoussaient, ce qui causait le tumulte qu'on avait entendu.

Cependant une voix creuse s'écria avec un accent terrible :

— Comte de Terride, seigneur comte, la malédiction du ciel t'a-t-elle rendu sourd, et ne reconnais-tu pas la voix de tes vieux serviteurs ?

Le vieux comte de Terride, qui, pendant le récit de son fils, était resté dans un abattement profond et comme insensible à tout ce qui se passait autour de lui, tressaillit à cette voix, et se relevant du siège où il était affaissé sur lui-même, il répondit d'une voix sépulcrale, l'œil égaré et le corps agité d'un tremblement nerveux :

— Que me demandes-tu, Manuel ? Je suis à la merci de chevaliers félons qui parlent de la justice de Rome et qui commandent dans mon château. Je ne puis rien, Manuel ; va demander protection aux Maures d'Espagne, plutôt qu'aux chevaliers de la Languedoc !

— Laissez approcher celui qui se dit le serviteur de mon père, cria Othon, tandis que le Maure Ben-Ouled s'approchait du vieillard et lui faisait reprendre sa place.

A l'ordre d'Othon, les rangs s'ouvrirent et l'on vit s'approcher celui qui s'appelait Manuel, vieillard de soixante ans, à la tête triste, mais droit et plein encore de vigueur.

Après lui venaient ses deux fils, Robin et Gautier, portant sur leurs bras le corps de Guillelmète ayant toutes les apparences de la mort.

— Que veux-tu et que demandes-tu ? lui dit Othon ; pourquoi viens-tu troubler cette assemblée de nobles chevaliers, et quel est ce cadavre que tu apportes si malencontreusement parmi nous ?

— Ce cadavre, dit Manuel, c'est celui de ma fille, et je viens te demander à toi, qui te dis être le fils de notre seigneur, et à vous tous, chevaliers, la vie de celui qui a traîtreusement étranglé et assassiné mon enfant.

A l'aspect du cadavre de Guillelmète porté par ses deux frères, le Maure Ben-Ouled poussa un cri terrible, et s'élançant par-dessus la balustrade, il s'écria :

— Et si tu ne trouves pas justice, Manuel, je te promets vengeance.

— Qui parle de vengeance, quand c'est à moi que l'on demande justice? reprit Othon d'une voix sévère. Qui que ce soit n'a le droit de rien dire ici quand le seigneur de ce château peut répondre.

Un murmure désapprobateur partit du côté des hommes d'armes et des servants, tandis que les chevaliers gardaient un profond silence en échangeant des regards étonnés.

Othon reprit :

— Qui accuses-tu de cet assassinat?

— Dis-moi les noms de tous les chevaliers qui sont entrés ce soir en ce château, et d'après leur bonne ou mauvaise renommée, je te dirai quel est celui que je crois le coupable.

— Aucun des chevaliers ici présents n'a traversé le bac pour venir au château, dit Othon, car tous sont arrivés par le chemin de Castelnaudary, et non par celui de la montagne ou de Pamiers.

— Le bac a cependant été détaché; je n'ai point reconnu le nœud que j'ai l'habitude d'y faire; et puisque le bac est sur cette rive, c'est qu'il a ramené des hommes de l'autre bord.

— S'il en est ainsi, dit Othon, c'est que ta fille l'a conduit de l'autre côté de l'eau pour y prendre ceux qui s'y trouvaient et comme elle a contrevenu à l'ordre accoutumé, tant pis pour elle si elle a trouvé le danger qu'elle est allée chercher.

— A moins que l'un d'eux, dit Manuel, n'eût traversé le torrent à la nage pour s'emparer du bac, que ma fille aura voulu défendre.

— Et la preuve que cet homme a raison, dit la voix d'un archer, c'est que voici une robe de Romieu toute trempée. A qui de vous, messires, appartient-elle?

— A moi, dit Othon. J'ai passé seul, et ce n'est pas pour moi que le bac a été détaché.

— Pour qui donc alors? dirent les voix tumultueuses des hommes d'armes.

— Ce n'est pas à moi à vous le dire, répartit Othon.

Mille cris menaçants éclatèrent au bout de la galerie, et Othon chercha vainement à les apaiser. Guillaume de Minerve, qui s'était approché de lui, lui dit tout bas :

— Livrez-leur l'assassin, quel qu'il soit, messire de Terride, si vous le connaissez.

— Je le connais, répondit celui-ci; mais c'est un otage que je veux garder vivant, et qui nous vaudra une victoire contre les Français.

— Prenez garde, dit Guillaume doucement.

Cependant les hommes d'armes s'étaient consultés entre eux, et tout-à-coup Crédo élevant la voix, se prit à dire :

— Il n'y a pas à chercher plus longtemps le coupable, je le connais, et celui-là, grâce au ciel, ne trouvera pas une voix pour le défendre. Le sire Guy de Lévis est venu du couvent de Saint-Maurice, et lorsqu'il est entré au château, par trahison et mensonge, comme il a traversé le torrent par trahison ou mensonge, m'a-t-il dit qu'il venait de faire à Guillelmète le don d'une écharpe.

Or, voici Robin qui a retrouvé le corps de la pauvre enfant arrêté aux branches d'un saule; il avait au cou l'écharpe du sire Guy de Lévis. L'assassin est dans ce château; l'assassin est au pouvoir du sire de Terride: qu'il nous le livre pour qu'il en soit fait justice, et pour qu'il soit pendu aux arbres de la route comme un lâche et félon assassin de femmes.

— Holà! mes maîtres, reprit Othon, depuis quand le meurtre d'une fille vassale est-il payé par le supplice d'un chevalier de noble lignage, fût-il un ennemi, fût-il un traître?

L'orage qui commençait à se former du côté des archers, des servants et des hommes d'armes, éclata alors en malédictions et en menaces directes.

Les cris :

— Sus au traître! sus au félon, sus à l'Anglais! retentirent de tous côtés.

Et quelques hommes se mirent en mesure de franchir la palissade.

Mais Othon s'élançant au-devant d'eux l'épée nue, s'écria :

— Qui osera passer cette barrière quand le seigneur de ce château le lui défend?

— Qui? répondit Manuel, en tirant hors du fourreau la pesante épée de l'un des hommes d'armes; moi le premier et tous les autres ensuite.

— Eh bien! tu mourras le premier, dit Othon en tirant son épée.

Un mouvement général de toute la troupe partie du fond de la salle pour s'élancer contre Othon, poussa si rudement les deux fils de Manuel contre la balustrade, que le corps de Guillelmète, qu'ils soutenaient sur leurs bras pour l'empêcher de tomber à terre, passa par-dessus la barrière et vint s'abattre aux pieds d'Othon.

Celui-ci, préoccupé de suivre de l'œil les mouvements de ceux qui se précipitaient vers lui, ne vit autre chose qu'un corps qui dépassait la terrible limite, et levant son épée, il la laissa tomber sur le cadavre et lui fit une légère blessure.

A ce nouvel acte, les cris redoublèrent, et déjà dix épées tirées allaient frapper ensemble Othon de Terride, lorsque Guillaume se jeta en avant de lui, et le couvrant de son corps les arrêta en leur disant :

— Enfants, arrêtez. Justice vous sera rendue. Je vous le jure sur ma parole de chevalier.

Mais comme le coupable est d'un rang et d'une importance tels, que nous en pouvons tirer d'utiles renseignements pour la cause de la Languedoc, laissez-nous un moment délibérer sur ce qu'il est convenable de faire avant de vous le livrer.

Othon allait protester contre cette concession : mais il fut retenu par Lérida et d'autres chevaliers, qui lui demandèrent de garder le silence.

Pendant ce temps, Manuel répondait à Guillaume :

— Je prends ta parole, sire de Minerve; car jamais tu n'y as manqué.

Nous allons nous retirer comme tu nous le demandes; mais pas un de nous ne quittera les abords de cette salle ni des issues du château, aussi bien pour protéger notre droit que pour te garder leur maître et seigneur.

— Allez, enfants, reprit Guillaume de Minerve; je vous ai donné ma parole, et nulle puissance au monde ne m'y fera manquer.

Les hommes d'armes et les servants se retirèrent, tandis que Manuel disait aux chevaliers :

— Je vous laisse ce corps, messires; il restera là pour vous avertir du crime et vous rappeler vos devoirs.

Cependant la foule s'écoulait et l'on entendait murmurer de tous côtés contre Othon des menaces sourdes auxquelles se mêlait le nom de tueur de cadavres, qui venait d'être donné au sire de Terride, et qui lui demeura comme on le verra par la suite de ce récit.

VIII

Dès que tout le monde fut retiré, Othon, regardant tous ceux qui l'entouraient d'un air farouche, leur dit amèrement :

— En vérité, sires chevaliers, je vous dois de grands et sincères remerciements pour la manière dont vous m'avez secondé dans cette rébellion de manants et de vassaux levant la voix et le fer contre leur maître et seigneur.

— Ne parlez pas si haut, jeune homme, dit Guillaume, qui pouvait se permettre cette expression vis-à-vis d'Othon, quoique celui-ci fût un homme de près de quarante ans, car lui-même en comptait près de soixante-dix : ne parlez pas si haut, car ces hommes sont peut-être assez près pour vous entendre.

— Et depuis quand, messire, les chevaliers de cette contrée n'osent-ils plus parler de cette canaille, comme elle le mérite?

— Depuis que le malheur, l'incendie, la dévastation, le massacre ont passé un terrible et fatal niveau sur toutes les têtes.

Depuis dix ans que ce pays est en proie au glaive exterminateur des croisés, ces hommes ont vu assez de nobles barons pendus aux créneaux de leurs châteaux, comme des voleurs et des routiers; ils ont vu assez de suzerains errants, proscrits et mendiant leur pain jusque dans le dernier d'entre eux, pour avoir appris qu'il n'y a pas de naissance au dessus du malheur et du droit au dessus de la force.

Et nous-mêmes, à mesure que tombaient tous les chevaliers qui défendaient le pays, à mesure que les hommes de race noble disparaissaient moissonnés dans les combats, nous leur avons demandé trop d'aide et de secours pour qu'ils n'aient pas reconnu tout ce qu'ils valaient, et beaucoup d'entre eux sont devenus des soldats assez vaillants et assez dignes de porter la ceinture militaire et les éperons, pour qu'ils ne sachent pas que la vertu et le courage appartiennent à l'homme et non pas à la naissance, et que la récompense doit appartenir à qui possède le courage et la vertu.

— Misérable pays, dit Othon avec un sourire de mépris, qui demande sa défense à ses vassaux, et non p us à ses seigneurs ; à ses esclaves, et non plus à ses maîtres.

— Sire de Terride, garde tes avis méprisants jusqu'à ce que tu aies vu ce pays mieux que tu ne l'as fait depuis quelques jours que tu es arrivé ; garde-les jusqu'au moment où tu auras assisté à l'un de ces terribles combats où il n'y a plus ni grâce ni merci, où le prisonnier est condamné au supplice, où le blessé est achevé et tué.

Quand tu auras souffert, soixante jours durant, la faim et la soif, comme je l'ai fait avec des hommes pareils à ceux que tu viens de voir, et que tu leur auras trouvé une constance égale à la tienne, alors, sire de Terride, tu seras moins prompt à les traiter de canaille.

Quand ils t'auront suivi et souvent précédé au combat, quand ils t'auront couvert de leurs corps et sauvé de la lance des Français, comme ils ont fait à beaucoup d'entre nous, alors tu ne les trouveras plus si insolents de tirer une épée qui t'aura défendu. Parle-nous de ton message, et hâte-toi, car la nuit s'avance, et ces hommes sont aussi impatients de savoir ce qui regarde le sort de la Languedoc que nous-mêmes.

Othon, qui avait écouté ces paroles d'un air sombre, et la tête basse, parut faire un violent effort sur lui-même, et répondit :

— Messire, je ne discuterai pas les malheurs qui ont pu faire descendre la noblesse de la Provence à ce degré d'humiliation. Il a fallu dix années pour vous y faire arriver peu à peu, et sans que peut-être aucun de vous ait justement apprécié le chemin qu'il faisait.

Mais vous ne vous étonnerez pas que moi, qui me trouve tout à coup jeté au milieu de ce désordre, au milieu de cet abandon de tout droit et de toute dignité, j'en sois révolté, et qu'il me soit difficile de l'admettre comme un droit.

Cependant, je le veux bien accepter comme une nécessité générale. Il est impossible qu'en une circonstance vous puissiez accorder la vie de sire Guy de Lévis pour venger une femme celle que qu'il a tuée.

— Ma parole est engagée, dit Guillaume de Minerve, et crois-moi, si cette parole n'était pas venue te couvrir, mieux que n'eût pu le faire la meilleure armure, tu ne serais pas là debout à discuter devant nous et nous avons laissé dégrader notre noblesse, mais tu serais à côté de ce cadavre, aussi glacé, aussi inutile que lui à la défense du pays, plus inutile que le dernier de ces goujats dont tu fais si peu de cas.

— Mais j'ai moi-même engagé ma parole vis-à-vis du sire Guy de Lévis, car je lui ai dit que lui et les siens auraient la vie sauve.

— Si tu le lui as dit avant de connaître son crime, ta parole se trouve dégagée.

Othon réfléchit un moment et reprit :

— C'est une chose qui peut être bonne à opposer à un accusé par un juge de basse justice, et non par un baron suzerain à un chevalier. J'ai dit que le sire de Lévis aurait la vie sauve, et je ne manquerai pas à ma parole, je vous en préviens.

C'est à vous, messires barons, à savoir s'il vous convient de m'y contraindre par la force, car vous êtes nombreux en ce château, où je suis seul.

— Mais où tu n'es pas encore le maître, dit alors en se levant de nouveau le vieux comte de Terride, dont l'esprit, tantôt éveillé, tantôt endormi dans une sorte d'idiotisme, avait des retours pareils à ceux d'une lampe prête à s'éteindre, dont la lueur s'obscurcit presque complètement, pour jeter un moment après un plus vif éclat.

Le sire Guy de Lévis, dit le vieillard, est entré dans ce château par un crime et contre la foi jurée ; car, d'après notre convention, il ne devait jamais y venir que seul ou accompagné d'un écuyer. Il a menti à sa parole, et il sera puni à la fois comme traître et comme assassin.

Othon, qui avait remarqué le sombre mécontentement que ses paroles avaient excité parmi les chevaliers, se trouva heureux sans doute d'avoir occasion de plier devant la volonté générale sans paraître céder à la crainte d'aucune menace, et il répondit :

— J'ignorais ce crime du sire Guy de Lévis. Qu'il souffre la mort pour celui-là, c'est justice, puisqu'il a eu lieu d'homme noble à homme noble ; j'y consens.

Je laisse à mon seigneur à donner à son châtiment la couleur qui lui conviendra ; mais je ne puis m'empêcher de vous dire que vous avez fait comme ces imprudents qui démoliraient une partie de leurs murailles parce qu'elles ne sont pas menacées, pour réparer les brèches faites aux endroits où on les attaque.

Vous chasserez peut-être les Français de la Languedoc, sires barons ; mais quand ces ennemis seront exterminés, il en aura poussé d'autres autour de vos châtellenies qui vous presseront d'une bien plus rude façon.

— Chaque jour a son labeur, dit Guillaume de Minerve en baissant la voix ; et puisque tu parles par comparaison, sire Othon de Terride, je te dirai qu'il faut d'abord éteindre l'incendie de la maison à l'aide des valets et des vilains, puisque c'est nécessaire, et qu'une fois ce danger passé, il sera temps de penser à y rétablir l'ordre.

— Messires, je vous souhaite ce pouvoir, dit Othon amèrement ; mais je viens d'un pays où le roi, pour se soutenir contre ses barons normands, en a appelé à ses bourgeois et à ses manants, et qui, lorsqu'il a eu remporté la victoire, traîné par cette bourgeoisie, mêlée de pâtres et de nobles dégradés, jusque dans une prairie, à trois milles de Londres, pour y signer, en face d'un peuple armé et mutiné, ce qu'ils appellent la charte du royaume, qui donne aux communes des droits presque égaux à ceux de la noblesse.

— Peut-être, dit Guillaume, à qui l'âge avait appris à juger les choses plus prudemment, peut-être est-ce la volonté de Dieu que les faibles soient tirés de cette manière de leur abaissement ; mais ce n'est pas le lieu ni le moment de discuter une pareille question.

Achève ton message, et nous te donnerons alors notre réponse pour le comte de Toulouse.

Othon reprit alors la parole, mais son récit fut longtemps avant de reprendre ce ton d'exaltation qui avait si vivement impressionné les chevaliers.

Othon de Terride, comme on le verra dans la suite de ce récit, avait à un degré assez élevé, les qualités et les vices des hommes de son époque.

Quoique né dans un pays où les droits des chasses inférieures ont toujours été plus ou moins écrits et respectés, où la bourgeoisie arrivait aisément à la noblesse, même par droit d'élection, où l'on trouve même le privilège de voter l'impôt étendu jusqu'aux serfs, il n'y avait pas vécu assez longtemps pour s'identifier avec ces mœurs.

Toute la portion de la vie qui fait l'homme, s'était passée pour lui en un pays où l'arrogance des Normands traitait comme des bêtes brutes, non-seulement ceux qui n'étaient pas nobles, mais ceux qui n'étaient pas de leur race ; il avait vu avec mépris ce qu'il appelait la lâcheté du roi Jean, et il apportait dans la Provence ses idées absolues et ce qu'on pourrait même appeler le ressentiment de l'injure faite à la noblesse par les entreprises de la bourgeoisie de Londres.

Voici cependant ce qu'il apprit aux chevaliers, et ce dont il nous suffira de donner un résumé à nos lecteurs.

Après le départ de son père, le jeune comte de Foix était demeuré pendant un mois à Rome ; puis, voyant que ses démarches échouaient contre les intrigues des évêques, malgré tout le bon vouloir d'Innocent III, il se décida à partir et à aller rejoindre son père et le comte de Foix, qui l'attendaient à Gênes.

De là il s'était embarqué pour Marseille, où il avait été reçu avec de grandes manifestations d'amour et de dévouement.

Puis enfin il s'était, par un coup hardi, emparé de la ville de Beaucaire, où il tenait enfermé dans la citadelle Lambert de Limou, tandis que lui-même était enfermé dans la ville par l'armée de Montfort, qui l'attaquait extérieurement.

Cette position d'assiégeants et d'assiégés donna lieu à des combats de chaque jour, où se passèrent les faits d'armes les plus éclatants, et qui surtout mirent au jour le courage, la décision, et même, à vrai dire, le génie du jeune comte de Toulouse.

Il fut, dans ces circonstances, une des mille preuves que l'art de la guerre est un instinct bien plus encore qu'une science.

Tout en pressant la citadelle par les moyens connus à cette époque, il négligeait point de se mettre en garde contre les tentatives de Simon de Montfort, les repoussait ou les prévenait, l'attaquait le plus souvent et coupait ses convois par des sorties heureuses.

Aussi, quoique lui-même enfermé dans une ville, il vivait

dans l'abondance, tandis que les Français, maîtres de la campagne, manquaient des choses les plus nécessaires.

En effet, il s'était rendu maître de la navigation du Rhône en s'emparant de plusieurs châteaux qui en dominaient le cours.

Montfort tenta tous les moyens de s'emparer de la ville...

Ce ne fut qu'après plusieurs mois d'un siège inutile que Montfort, désespéré de ne pouvoir venir à bout de celui qu'il appelait en style normand le petit gars, se décida à lever ce siège en donnant toutefois à sa retraite un faux semblant de traité de paix et de transaction.

Il fit offrir par le sire Guy de Lévis, qui était alors avec lui, et par l'entremise de Dragonet, qui était le précepteur du jeune comte, de se retirer lui et son armée, et de laisser à Raymond la possession libre de Beaucaire, à la seule condition de livrer passage à Lambert de Limou et aux chevaliers qui occupaient avec lui la forteresse de cette ville.

En cette occasion, le jeune Raymond prouva encore combien il était supérieur à tous ceux qui l'entouraient ; car, au lieu de se laisser égarer par le vain désir de conquérir par la force le château, comme le lui conseillaient tous ses chevaliers, il leur répondit prudemment :

— Messires, il m'est plus important d'avoir cette forteresse en bon état que de la prendre démantelée, comme il faudrait le faire pour en chasser les Français, qui la défendent.

Nous aurons assez d'autres occasions de prouver, si nous ne l'avons déjà pas suffisamment prouvé, que nous savons battre les murs en brèche et monter à l'assaut à travers une pluie de fer et de feu ; car cette guerre ne fait que de commencer, messires, une guerre qui ne peut finir que par l'extermination de Montfort ou la mienne.

Assurons-nous donc d'abord d'une retraite, sans y dépenser une bonne part de ce qui reste de sang noble dans nos comtés.

C'est mon avis, et, au besoin, c'est ma volonté.

Tous les barons obéirent.

C'était miracle que de voir tous ces hommes céder avec une révérence extrême aux volontés de cet enfant, tandis qu'ils eussent résisté aux plus prudents conseils de son père.

Mais il avait montré, comme nous l'avons dit, tant de résolution et tant d'habileté, que chacun le considérait comme spécialement protégé du ciel ; reconnaissant mieux que nous, dans leur naïve crédulité, la véritable source du génie, en le faisant remonter à Dieu.

La volonté du jeune comte prévalut donc, et à peine Dragonet était-il parti pour aller porter au camp des Français le consentement du jeune Raymond, que le vieux comte de Toulouse sortait en toute hâte de Beaucaire avec Othon de Terride et quelques autres chevaliers, et, prenant la route de Montpellier, de Béziers et de Carcassonne, se rendait secrètement aux environs de Toulouse, tandis que le sire de Terride, muni de lettres scellées par le comte, parcourait les châteaux du comté de Foix, dont la situation, au milieu des montages, les avait fait échapper aux entreprises des Français.

La réunion à laquelle nous faisons assister notre lecteur était le résultat des soins du sire de Terride.

D'autres, convoquées de même, se tenaient à la même heure, dans divers autres endroits, et, le lendemain, tous les émissaires du comte devaient lui apporter la réforme des divers barons à Toulouse même, où il avait dû se jeter et se faire reconnaître.

L'on s'étonnera peut-être, après ce que nous venons de raconter, de voir le sire Guy de Lévis revenu dans le comté de Foix plus vite que n'avaient pu le faire le comte de Toulouse et les chevaliers qui l'accompagnaient, puisqu'il avait été lui-même le porteur des propositions de Simon au jeune comte.

Mais on le comprendra aisément, en apprenant que ces propositions de Simon, quoique sincères, avaient eu surtout pour but de dérober au jeune Raymond le parti que venait de prendre l'armée française.

Ainsi, tandis que Guy de Lévis parlementait dans un terrain neutre avec Guy de Lévis, toute l'armée de Simon de Montfort reprenait rapidement la route de Toulouse, en franchissant la montagne noire, et revenait par le haut pays.

Il en résulta que, tandis que le vieux Raymond et ses chevaliers voyageaient de nuit et par des sentiers détournés, Guy de Lévis put revenir auprès de Montfort de toute la vitesse que permettait à son voyage une route libre et bien gardée, et, qu'après avoir appris à son seigneur, qui campait aux environs de Toulouse, le succès de sa ruse, il avait pris les devants, et s'était sur le champ rendu à Mirepoix, afin d'y

conclure le mariage pour lequel le vieux sire de Terride lui avait donné sa parole six mois auparavant, dans la persuasion où il était que le pape ne pourrait commettre une injustice pareille à celle dont il avait fait la condition de cette alliance.

Cependant Othon de Terride, qui ignorait encore cette marche rapide de Montfort, avait raconté aux chevaliers son départ de Beaucaire, sa route, ses courses dans les divers châteaux, et il leur disait que le comte leur seigneur les appelait à lui prêter secours à Toulouse, dont il avait sans doute chassé la garnison papale qui occupait le château narbonnais, tandis que Simon de Montfort était arrêté encore devant Beaucaire.

Les chevaliers commençaient à délibérer entre eux sur ce qu'ils devaient faire, lorsque le Maure Ben-Ouleb entra dans la galerie, interrompit hardiment les délibérations, et dit d'un ton menaçant :

— Sires chevaliers, nous attendons ce que vous plu de décider en faveur de la Languedoc, et nous attendrons tant qu'il vous plaira ; mais nous n'avons pas la même patience pour ce qui concerne le sire Guy de Lévis.

Il n'y a point à délibérer pour livrer un homme à la main qui doit le punir.

Il est temps de vous expliquer, le voulez-vous, ne le voulez-vous point ?

Guillaume de Minerve, celui-là même qui venait de se montrer si favorable aux prétentions des hommes d'armes, ne put supporter le ton d'arrogance avec lequel cet homme s'exprimait, et lui répondit :

— De par tous les saints du Paradis, c'est par trop d'audace ! Nous sommes justes et les prouverons à nos hommes libres ou serfs en accueillant leurs réclamations ; mais nous ne leur permettrons jamais de choisir de tels intermédiaires pour nous porter leurs plaintes.

Retourne donc leur dire qu'ils choisissent au moins un chrétien pour parler à des chrétiens ; ou si tu tardes tu seras bientôt gisant à côté de cette fille pour laquelle vous demandez vengeance.

— Sire Guillaume de Minerve, dit le Maure, je sais que ton épée est légère à ta main et pesante à tes ennemis, et toi aussi, Lérida, je t'ai vu frapper, et vous aussi, Arnaud de Rabastens, Pierre de Cabaret, le plus vaillant des capitaines de ce pays ; mais aucun de vous, ni vous tous ensemble ne me ferez sortir d'ici vivant, ni ne m'y garderez mort ; j'ai contre vos épées une défense plus sûre que cuirasse et corselet ; cette défense, la voici.

IX

En parlant ainsi, le Maure tira de dessous sa tunique un long couteau à l'usage des bouchers, en ajoutant :

— Comptez sur la manche toutes les entailles qui s'y trouvent ; c'est une pour chaque Français que ce couteau a silencieusement égorgé.

Voici mon épée (et il tira et jeta son épée sur la table) ; comptez sur la lame chaque trait de lime qui en a fait une scie ; c'est un pour chaque Français que j'ai abattu dans la bataille.

Et pourtant, avant de m'appartenir, cette épée avait été celle d'un homme qui l'eût usée jusqu'à la garde s'il eût voulu y inscrire comme moi le nombre d'hommes qu'elle avait exterminés.

N'y a-t-il aucun de vous qui la reconnaisse.

— Sur mon âme, s'écria Guillaume dont la voix devint tremblante d'émotion, c'est l'épée de mon seigneur mort, c'est l'épée du vicomte de Béziers.

— Et toi, dit le Maure, qui reconnais si bien le fer, ne reconnais-tu pas le bras qui s'est donné la charge de le porter ?

— Est-ce toi, Buat, toi, l'Œil Sanglant, toi, le Couteau-de-Merci, qui es dans ce château caché sous un pareil déguisement ?

Depuis tantôt huit mois que nous n'avions eu de nouvelles de chevaliers français surpris dans leurs tentes, dans leurs châteaux, dans leurs lits, et égorgés comme par une main invisible ; depuis que nous ne rencontrions plus pendus aux arbres des routes les barons normands avec une croix sanglante ouverte sur la poitrine, nous n'avions cru mort, et nous te pleurions.

— Merci, Guillaume, répondit Buat.

Mais le jour où le comte de Foix livra son château à l'abbé de Saint-Tibery, j'avais un plus saint devoir à remplir que celui de l'extermination des Français.

J'avais à veiller sur l'espérance de notre comté, sur le fils du noble vicomte, et cette espérance j'ai préféré la confier à un déguisement qu'au château le plus fort, lorsque celui de Foix l'invincible ne pouvait plus lui être un asile imprenable.

— Où donc est-il, ce noble enfant? s'écria Guillaume de Minerve, puisqu'à présent nous en sommes réduits là, que tant d'hommes sont morts, que les enfants sont notre plus précieuse espérance?

— Il est en ce château, passant pour l'enfant d'un jongleur, ramassé par moi sur la route. Il dormait ici tout à l'heure sur les genoux de l'une des femmes de la comtesse Signis, et sans doute il est maintenant dans son berceau.

Guillaume de Minerve, qui ne pouvait pardonner au comte de Toulouse de s'être allié jadis aux croisés et d'avoir combattu le vicomte Roger, s'écria :

— Eh bien! à défaut du comte de Foix, qui nous a abandonnés pour aller plaider son droit devant des prêtres, à défaut de tes comtes de Toulouse, race cauteleuse et perfide, que cet enfant devienne notre chef, et je me déclare prêt à le suivre, prêt à lui obéir, comme d'autres obéissent au jeune Raymond.

— C'est une proposition vraiment folle, s'écria Othon, de penser obéir à un enfant de six ans; car ce doit être celui que j'ai aperçu tout à l'heure dans cette salle.

— Pour ma part, dit Lerida, je l'approuve et je m'y soumets.

— Et nous ferons de même! s'écrièrent tous les chevaliers.

Othon promena un moment ses regards autour de lui comme s'il avait eu affaire à une assemblée de fous, et ses regards s'arrêtèrent un moment sur le visage de Ben-Ouled ou Buat, où se montrait un air de satisfaction.

Le chevalier baissa la tête, et haussant les épaules, il reprit d'un ton froid et dédaigneux :

— Est-ce là, Messires, la réponse que je dois apporter au comte de Toulouse?

— Va lui dire que nous nous armerons pour lui, à la condition qu'il se départira de ses droits de tuteur comme grand-oncle du jeune vicomte, et que le soin des comtés du jeune Roger sera confié à quelque noble chevalier de sa suzeraineté.

— A Guillaume de Minerve, par exemple, dit Othon en souriant dédaigneusement; je te comprends maintenant.

C'est un chef commode pour l'ambition d'un châtelain qu'un enfant de six ans.

— Tu n'as pas touché juste, répondit Guillaume; ce n'est pas moi qui veux être le chef de notre réunion au nom de cet enfant; mais ce que je ne veux pas, c'est que le comte de Toulouse puisse comme tuteur, nous donner des ordres en son nom.

Que ces chevaliers choisissent donc celui qu'ils jugent le plus digne de les commander, le plus loyal pour défendre les droits de l'orphelin et empêcher qu'ils ne soient sacrifiés dans quelque déloyale transaction avec les ennemis de la Provence.

Porte cette réponse au vieux Raymond.

On eût dit que cette phrase, sans doute dictée par une prévention générale contre la politique tortueuse du vieux Raymond, se trouvait avoir une application directe au sire Othon de Terride, car il se mordit les lèvres de dépit.

Il repartit fièrement :

— Et il est inutile que je lui porte cette réponse, Messires; car je puis vous dire dès ce moment que le comte de Toulouse n'acceptera point votre secours à cette condition.

Je vois que l'insubordination ne s'est pas arrêtée aux petits, et que si les manants se font les égaux des châtelains, les châtelains veulent se faire les maîtres de leur seigneur; qu'il ne soit donc comme si je ne vous avais rien dit, Messires.

Ce château vous donnera son hospitalité jusqu'à demain.

— Ce château, reprit le vieux Terride en prenant la parole avec la dignité et la bonne grâce d'un hôte empressé, vous le donnera tant que vous daignerez l'y accepter.

— Jusqu'à l'aube du jour seulement, dit Guillaume de Minerve; et comme elle ne convient plus à l'héritier du vicomte de Béziers, je lui offre celle de mon château, et jusqu'à ce qu'il soit arrivé, nous lui offrons tous celle de nos épées et de notre escorte.

— Et je l'accepte pour lui, dit Buat; et maintenant il me reste à vous demander si le sire Guy va nous être livré.

— Tu peux l'aller chercher, Buat, dit Guillaume de Minerve.

— Mon père, reprit vivement Othon, laisserez-vous accomplir cet assassinat dans votre château?

— Que justice soit faite, dit le vieillard, et que nul ne s'y oppose.

Je ne t'aurais pas reconnu à ton visage, Othon, que je t'aurais deviné à ton insolente fierté envers les vassaux et à tes ménagements prudents envers les ennemis dont tu peux craindre ou espérer quelque chose.

Je t'aurais reconnu à l'art avec lequel tu as dit ce qui était convenable de dire en faveur du jeune Raymond, et rien de plus.

Tu n'as pas oublié le vil savoir du jongleur, dont la langue se plie à tous les tons et captive toutes les oreilles; mais elle ne pourra rien pour celui qui est entré par trahison en mon château, et, je te le jure, le sire Guy de Lévis périra, à moins que Dieu lui-même ne le sauve.

— Que votre volonté soit faite, dit Othon; mais je reçois une singulière récompense d'avoir abandonné tout ce que je possédais en pays étranger pour revenir dans le mien, et ne pas même y pouvoir obtenir qu'on respecte les jours d'un ennemi à qui j'ai engagé ma parole de lui garder la vie sauve.

Une faveur bien misérable me serait-elle accordée? c'est que ce supplice soit retardé jusqu'à l'heure du lever du soleil; alors je quitterai ce château où je ne suis pas plus que par le passé, et je n'aurai du moins autorisé cet meurtre ni par ma présence ni par mon consentement.

Les chevaliers se consultèrent entre eux; nul n'osa faire une objection à cette demande si simple, et tous répondirent qu'il en serait comme le désirait Othon de Terride.

On chargea Buat d'apprendre aux hommes d'armes la résolution qui venait d'être prise.

Pendant ce temps, le vieux sire de Terride s'était approché de son fils, et lui avait dit :

— Tu partiras avant l'aurore, n'est-ce pas, Othon?

— Oui, mon père, dit celui-ci en observant l'effet de ses paroles, je partirai et vous resterez seul en ce château que je viens d'arracher aux mains d'un Français.

— Je te remercie, si l'on peut remercier un chevalier provençal d'avoir fait son devoir, un fils d'avoir défendu son père; mais tu partiras avant le jour.

Othon regardait son père, dont l'œil fixe et vitreux semblait arrêté et réfléchir de ce qu'il l'absorbait complètement.

— Oui, répondit-il, et vous resterez seul avec la comtesse Signis qui a tellement hâte de vous voir au cercueil.

Le vieillard prit une farouche expression, et répondit d'un air égaré :

— Il y a place pour les jeunes comme pour les vieux dans le cercueil; ne t'occupe pas de la comtesse Signis, et sois parti avec l'aube.

— Je serai parti, mon père, dit Othon avec une expression peut-être plus cruelle que celle de son père.

Le vieillard sortit, soutenu par Crédo, mais en répétant toujours :

— Il sera parti demain avant le jour.

C'est bien... c'est bien.

Tous les chevaliers se retirèrent chacun dans l'appartement qui lui était désigné, et Othon demeura seul dans la vaste galerie.

Il resta assez longtemps plongé dans une sorte de rêverie; il semblait incertain de ce qu'il voulait faire.

Tantôt il allait vers la porte extérieure, comme pour appeler un homme, tantôt il revenait vers celle par où on avait fait sortir le sire Guy de Lévis, tantôt encore il se dirigeait du côté où était l'appartement de son père; mais il semblait qu'à chaque endroit un obstacle insurmontable vînt l'arrêter.

Enfin, plus incertain que jamais, et comme désespéré, il s'écria tout haut :

— En pas un homme pour m'aider, pas un ami à qui me confier!

— Vous vous trompez, Othon, lui dit une voix de femme; vous avez encore ici des amis.

Et tout aussitôt la comtesse Signis parut à ses yeux.

Mais avant de faire connaître le résultat de leur entretien, il nous faut suivre Guittard de Terride dans son appartement, et raconter la scène qui eut lieu entre lui et Crédo.

X

Le vieux seigneur s'était retiré dans une vaste pièce toute garnie de boiserie, et au fond de laquelle était un énorme lit en chêne; une seule fenêtre étroite donnait de l'air à cette chambre, et elle n'avait d'autre porte apparente que celle par laquelle le vieux comte et Crédo y étaient entrés.

Guittard, dès qu'il y fut arrivé, se laissa tomber sur une large chaise en bois, pareille à celle qu'il occupait dans la galerie; car malgré sa vieillesse, il n'avait jamais voulu admettre pour lui-même ce luxe de tapis et de siéges garnis de coussins, que les Maures avaient apporté en Espagne et que Signis avait établi dans certaines parties du château.

— Ne voulez-vous pas vous reposer après une si rude journée? lui dit Crédo.

— Non, non, dit le vieux Guittard, car le repos qui m'attend sera assez long pour que je ne perde pas dans le sommeil le peu d'heures qui me restent à vivre.

Crédo fit un mouvement pour se retirer, mais le comte le retint en lui disant:

— Demeure, j'ai quelque chose à te dire.

— Parlez, messire, répartit Crédo.

— Attends, reprit le comte, en agitant sa tête comme s'il cherchait quelque chose autour de lui.

— C'est long et terrible, et je ne me souviens pas bien; mais je l'ai décidé pendant qu'il parlait, et cela se fera.

— J'atends, dit Crédo habitué aux absences de son maître et le regardant pendant qu'il murmurait tout bas.

— C'est cela... oui... elle et non pas lui... c'est plus juste... c'est meilleur...

Il s'arrêta encore une fois, combinant ses pensées qui se présentaient à lui sans ordre, les rappelant, car elles lui échappaient à tout moment, puis tout à coup il s'écria:

— Tu comprends pourquoi il est revenu?

— Sans doute, dit Crédo, les malheurs de la Provence l'ont touché et le souvenir du pays a fait taire ses justes ressentiments.

— Ses justes ressentiments! s'écria le vieillard.

Tu dis ses justes ressentiments! Je lui ai donc fait injure, quand je l'ai fait déclarer traître et félon?

Mais tu as donc oublié qu'il est amoureux de Signis. Un fils amoureux de la femme de son père!...

N'est-ce pas horrible, n'est-ce pas infâme?

Y a-t-il un châtiment trop terrible pour un pareil forfait?

Crédo eût pu répondre que ce n'était pas le fils qui avait outragé le père, mais le père qui avait enlevé la fiancée du fils.

Cependant, en voyant le regard enflammé du vieillard, le tremblement nerveux dont il était saisi, il craignit de l'irriter encore davantage en lui rappelant un tort qu'il avait si cruellement expié, et avec le remords duquel il luttait depuis vingt ans.

Il se contenta donc de lui dire:

— Je ne juge point ce que vous avez condamné, messire; mais, après vingt ans d'absence, une pareille passion doit être oubliée.

— Fou et aveugle que tu es! reprit Guittard, tu ne comprends rien.

Il aime encore Signis, il l'aime encore, c'est pour elle qu'il est revenu. C'est pour elle.

Et Signis n'eût pas poussé l'audace jusqu'à me reprocher si insolemment le souvenir de son amour, si elle n'avait su qu'il était là tout prêt à la soutenir contre ma juste colère.

Ce n'était pas la première fois que la comtesse avait jeté ce reproche à la face de son époux, et Crédo le savait mieux que personne.

Cependant, cette fois encore, il ne voulut pas contrarier son maître trop ouvertement, et lui dit:

— Cela n'est pas probable, messire, car sa première parole a été pour vous protéger contre le sire Guy de Lévis, le favori de la comtesse, qu'il a arrêté.

— Et qu'il veut sauver maintenant, dit le comte, tu l'as entendu. C'était arrangé d'avance, préparé entre eux, j'en suis sûr.

Que lui fait ce Guy de Lévis? et s'il le protége après avoir essayé de me faire croire qu'il voulait le traiter en ennemi, n'est-ce pas pour flatter Signis?

Il l'aime, te dis-je, il l'aime! et c'est pour elle qu'il est venu.

Crédo fit un mouvement d'impatience et reprit:

— Cela n'est pas, messire, et si, par impossible, cela était, à quoi pourrait lui servir un pareil amour?

— A quoi! dit le vieillard avec un ricanement sinistre; est-ce que nous vivons dans un temps où il reste la trace d'une loi et d'une croyance? Les prêtres n'ont-ils pas inventé des textes pour permettre aux uns, aussi bien que pour défendre aux autres?

Guy de Montfort n'a-t-il pas enlevé la femme de Robert de Comminges, et, celui-ci vivant, ne l'a-t-il pas épousée? et les évêques n'ont-ils pas béni son union?

Lara de Narbonne n'a-t-il pas épousé la fille après avoir répudié la mère? et crois-tu que Signis n'oserait épouser le fils après la mort du père?

— Je ne le crois pas, dit amèrement Crédo.

— Tu ne le crois pas? dit le vieux Guittard, en attachant ses regards fixes sur Crédo.

— Non, messire, reprit Crédo avec un accent d'affirmation singulier.

Non, la comtesse Signis ne consentirait pas à ce mariage; et si votre fils a gardé son amour dans le cœur, je puis croire que la comtesse n'en a pas fait autant.

— Pauvre niais! dit le comte, pauvre niais!

Regarde cette chambre, où jamais elle n'est entrée que le visage pâle et le dégoût sur les lèvres.

Vingt fois, cent fois, durant ces longues nuits, où vous autres, qui vous dites les malheureux de ce monde, vous dormiez au moins de fatigue, ça été des luttes horribles entre Signis et moi.

Et toujours, toujours, entends-tu? quand je la menaçais ou que je la priais, elle me répondait avec un sourire de mépris:

« Vieillard, pourquoi m'as-tu prise à ton fils que j'aimais? »

Le sire de Terride se leva, comme agité d'un transport furieux, et se mit à parcourir la chambre en s'écriant:

— Ah! vingt ans de suite, vingt ans, une seule heure d'oubli, sans un moment de pitié pour le vieillard! C'était lui, toujours lui; et maintenant ils se retrouveraient... maintenant... non, ça ne sera pas, non; qu'il périsse plutôt!

— Seigneur mon maître, s'écria Crédo, vous voulez frapper votre fils, qui revient comme un sauveur, après l'avoir chassé par votre faute. Cela n'est pas juste.

Le sire de Terride continua à marcher dans la chambre, allant d'un mur à l'autre, comme pour y trouver quelque chose; puis il se mit à murmurer d'une voix sourde:

— Lui, ai-je dit, lui?.. eh bien! lui ou elle... peut-être lui...; non, elle!...

— Sa voix, à chacun de ses mots, devenait de plus en plus sourde et elle finit par s'éteindre dans un sombre murmure, où de temps en temps Crédo pouvait distinguer ces deux mots: elle!... lui!...

Enfin, il finit par retomber sur son siége en disant:

— J'avais pourtant décidé lequel des deux!...

Le vieux Guittard parut alors plongé dans l'abattement stupide qui s'emparait de lui après chaque violent effort, et Crédo voulut profiter de cette apathie apparente pour se retirer.

Mais le vieux sire de Terride reprit d'une voix triste, et en se laissant pleurer comme un enfant:

— Tu t'en vas aussi, Crédo, car il partira demain lui aussi, et je serai seul, seul entre les mains de cette femme qui me hait, qui m'a tué l'esprit par le désespoir et le corps par l'insomnie.

Qui me vengera donc?

— Mais de qui? reprit Crédo avec impatience.

Le visage de Guittard s'alluma tout à coup d'une nouvelle clarté d'intelligence, et il répondit comme un homme qui de vient trouver la solution d'un problème ou bien la trace du chemin qui doit le conduire au salut.

— D'elle..., oui d'elle; c'est d'elle que tu me vengeras. Écoute, Crédo.

Je me rappelle bien maintenant; tout est combiné et préparé depuis longtemps.

Ouvre cette armoire, et regarde.

Crédo obéit.

— Qu'y a-t-il sur la première tablette?

— Un poignard à vos armes, et une bourse pleine d'or.

— Ah! ah! fit le sire de Terride; je savais bien que tout était préparé et arrêté depuis longtemps.

— Mais quoi donc? dit Crédo, à qui l'aspect de ce poignard et de cette bourse inspira un terrible soupçon.

— Sa mort.... tu comprends?...

Demain..., cette nuit peut-être, je le sens..., je mourrai; j'en suis sûr...

Tu prendras cette bourse et le poignard, et tu tueras...

Il s'arrêta encore, l'œil fixe et le corps immobile comme si sa pensée lui manquait; et Crédo lui dit :

— Qui donc?

Le vieillard fut quelque temps sans répondre.

— Ne m'as-tu pas dit qu'elle ne l'aimait plus?

— Je vous en suis garant, dit Crédo.

— Eh bien! alors, lui...

— Mais il part tantôt...

— Alors, dit le vieillard, celui que tu voudras; mais ils ne vivront pas tous deux pour s'aimer après moi. Je ne le veux pas.

Signis! elle n'a pas voulu m'aimer, ni même me plaindre une heure; elle n'aura pas d'amour... sur la terre! elle n'en aura pas!...

Tu m'appartiens, Crédo... Tu m'as juré que ma dernière volonté te serait sacrée; tu l'as juré sur l'Évangile, avec une étole au cou...

Tu tiendras ton serment!...

— Eh bien! donc, dit Crédo, que la comtesse meure! et ce sera peut-être justice.

— Elle l'aime donc? s'écria le vieillard...

Crédo ne répondit pas.

— Elle l'aime donc! reprit le vieillard en se levant.

Crédo détourna la tête.

— Elle l'aime donc? s'écria encore le vieillard.

Crédo voulut encore se détourner; mais le vieux comte de Terride lui adressa encore sa question, et cette fois, d'un air si terrible, si impératif, que Crédo répartit d'un ton sombre :

— Non, elle ne l'aime pas, parce qu'elle en aime un autre.

Le vieillard laissa échapper un cri terrible, en répétant :

— Un autre!

Alors, avec une force que la fureur seule pouvait lui donner, il arracha le poignard que Credo avait pris dans l'armoire, et le levant sur sa poitrine, il lui dit :

— Alors, tu vas me le nommer!

— Il se nomme Michel, mon seigneur.

Ce nom parut frapper le sire de Terride comme un coup de foudre; le poignard lui tomba des mains, et il dit d'une voix funèbre, pendant que le serviteur le plaçait sur son siège :

— La malédiction du Seigneur est sur ma race, Crédo. Laisse-moi.

Le servant eût voulu rester à ce moment; mais le sire de Terride lui dit d'une voix impérative :

— Va t'en... si tu ne veux pas mourir... pour ce que tu m'as dit, si ce n'est pas vrai, et pour ce que tu ne m'as pas dit depuis longtemps, si c'est la vérité.

Crédo se retira, et le vieillard demeura seul.

IX

Pendant que cette scène avait lieu entre Crédo et son seigneur, d'autres, d'un caractère bien différent, se passaient dans la galerie du château.

Nos lecteurs se rappellent l'instant où Signis, qui guettait le moment de parler seule à Othon, se présenta à lui et répondit à l'exclamation qui lui était échappée.

Othon avait entendu la comtesse rappeler au comte le souvenir de leur amour. Il avait pu s'imaginer que cette passion était demeurée dans le cœur de la comtesse, quoiqu'il eût de justes raisons de penser le contraire.

En la retrouvant si empressée de l'entretenir en secret, cette pensée se représenta à son esprit, et il se mit à considérer Signis comme s'il eût voulu pénétrer dans le secret de son âme.

La comtesse était encore admirablement belle; ses cheveux, d'un noir luisant, était aussi abondants autour de son pâle visage; ses yeux avaient gardé l'ardeur amoureuse qu'elle savait si coquettement voiler, pour la rendre plus provocante, sous la longue frange de ses cils; ses sourcils se dessinaient aussi purs et aussi arqués sur son front d'un blanc mat; ses dents étincelaient blanches et fines comme autrefois; la ténuité svelte de sa taille ne s'était pas alourdie; sa main était aussi pure.

Elle était aussi belle à trente-six ans qu'à seize, et, cependant, son âge était écrit sur son visage et dans sa personne.

Elle portait cet indéfinissable cachet du temps qui se marque partout sans paraître précisément nulle part.

Cette grâce charmante de la jeunesse qui veloute d'une fleur délicate tous les traits, qui adoucit leur expression sous un voile de modestie, qui retient dans une timidité virginale le geste et l'allure, tout cela avait disparu.

La femme qui était devant lui était fière, impétueuse, hardie; la passion avait dû passer dans son cœur, l'amour et la colère brûler dans ses regards et s'agiter sur ses lèvres.

Othon se recula devant elle et la regarda silencieusement.

Signis en fit de même; mais Othon n'était plus le beau jeune homme impétueux et pétulant d'autrefois, portant dans ses regards la témérité et l'imprévoyance, souple et leste pour gravir une muraille, franchir un fossé et se glisser dans l'ombre d'un long corridor.

C'était déjà plus qu'un homme fait. Ses cheveux devenaient rares sur son large front que la pensée ou le malheur avait ridé; et s'il avait acquis la prestance d'un guerrier dans toute sa force, son élégance n'était pas restée. Il semblait qu'il eût pris la raideur des habits de fer dont il avait toujours été couvert, et l'expression de son visage était devenue dure et froide.

Signis soutint, sans baisser les yeux, le regard interrogateur d'Othon, et elle comprit si bien ce que ce regard cherchait en elle, qu'elle lui dit en secouant lentement la tête :

— Non, messire. non! il n'y a plus d'amour en mon cœur; ne craignez rien. Je ne viens pas vous demander compte de vos serments, et vous ne vous souciez guère de ce que j'ai fait des miens.

— Qui vous l'a dit, Signis? reprit Othon.

— Ce que vous avez fait, aussi bien que ce que vous n'avez pas fait; ce que vous avez rappelé, comme ce que vous avez passé sous silence.

Vous n'avez plus d'amour dans le cœur, Othon; vous n'en avez plus pour moi, ni pour d'autres : vous n'en avez même plus pour vous. Vous êtes ambitieux.

Othon sourit amèrement, et répondit ;

— L'enfant a grandi; la gazelle est devenue lionne.

Qui vous fait penser que je sois ambitieux?

— Je sais comment vous êtes entré dans ce château : je vous ai vu pénétrer dans cette galerie, écouter le sire Guy, franchir cette balustrade, arrêter celui qui menaçait de vous ravir votre héritage, pourvoir à tous les dangers, et tout cela sans qu'en pénétrant dans ces murs, aucun sentiment vous ait oppressé au point de vous faire ralentir cette course; sans qu'une larme ait mouillé vos yeux en mettant le pied en cette galerie; sans que rien, enfin, tant qu'a duré cette longue assemblée, vous ait détourné du but où vous vouliez arriver.

Et à ce moment où, demeuré seul, vous eussiez pu saluer du cœur cette noble maison qui devient la vôtre, vous n'avez éprouvé que l'incertitude de savoir par où commencer l'exécution de votre plan.

— Et quel est le vôtre, Signis? dit Othon, qui avait écouté tout cela avec la bienveillance d'un homme qui n'est point fâché d'être deviné; en quoi puis-je vous servir, que vous êtes venue si vite à moi?

— C'est de sauver Guy de Lévis, et je ne crois pas que vous ayez envie de me refuser.

— Le sauver! dit Othon, ce n'est pas chose assurée.

— Le secours d'un homme dévoué me suffit pour cela.

Ce secours, j'allais le chercher lorsqu'en passant près de cette galerie je vous ai entendu implorer votre père pour lui; alors je n'ai pas cherché d'autre appui; et je vous ai attendu. Secondez-moi, il est facile de sauver sa vie.

— Je le sais, dit Othon, et ce n'est pas mon salut qui m'inquiète, c'est de savoir s'il acceptera les conditions que je veux lui faire.

— Ou je vous ai mal deviné, dit Signis en clignant des yeux et en souriant doucement; je vous ai mal deviné, et je ne connais pas le sire Guy, ou bien vous vous entendez aisément.

Il y avait dans ses paroles, et surtout dans la manière dont elles furent prononcées un ton de raillerie qui disait mieux que nulle accusation ce que pensait Signis de la loyauté des deux chevaliers.

Othon ne voulut pas accepter ce jugement ; car il reprit très-sévèrement :

— Ce que j'ai à proposer au sire Guy n'est point une trahison de sa part ; je ne demande à personne ce que je ne voudrais pas accepter pour me sauver des plus affreux supplices !

— Je n'ai point entendu dire que vous voulussiez lui proposer une trahison, dit Signis avec hauteur, car le sire Guy en est incapable ; mais il sait prévoir les évènements comme beaucoup d'autres, et il peut prendre des précautions pour l'avenir.

Othon regarda Signis d'un air froid et méchant, et sans cependant faire un pas pour sortir de la galerie comme ses paroles en montraient l'intention.

Il reprit :

— Eh bien ! je me rends près de lui ; qu'il accepte, et sa vie du moins sera sauvée... quant aux autres, on en fera ce qu'on voudra.

Signis regarda Othon à son tour ; l'intention des derniers mots du chevalier était trop évidente, pour qu'elle pût s'y méprendre, et elle dit avec une fière assurance :

— Lui et les autres seront sauvés, Messire, ou vous aurez manqué à votre parole.

Othon se mit à rire.

— Ma parole, dit-il, qui me la réclamera ? mes ennemis ! que m'importe !

D'ailleurs, la résolution des chevaliers provençaux, contre laquelle j'ai protesté, ne me délie-t-elle pas aux yeux de tous ; ce n'est plus ma parole qu'il faut invoquer, c'est ma volonté.

— Et ton intérêt, n'est-ce pas, Othon ?

— Le mien et le tien après, Signis.

Écoute : je peux sauver un homme de ceux qui sont ici ; si je te laisse le choix, qui désigneras-tu ?

Signis parut violemment agitée, et hésita à répondre.

Othon la laissa un moment dans cette affreuse perplexité, et reprit en ricanant :

— Oh ! les femmes ! il leur faut arracher leurs pensées du cœur, même lorsqu'elles sont connues de l'univers.

Voyons, Signis, je serai meilleur pour toi que tu ne le mérites, je sauverai Guy et Michel.

— Tu sauveras Michel, n'est-ce pas ?

— Et que feras-tu pour cela Signis ?

— Tout, tout ce que tu voudras, Othon.

Celui-ci se mit à rire de la vivacité avec laquelle la comtesse prononça ces paroles en lui prenant les mains et se jetant presque dans ses bras ; il la considéra un moment pendant qu'elle attachait sur lui ses yeux ardents, et l'attirant près de lui, il lui dit :

— Je t'ai pourtant aimée, Signis, et tu n'étais pas alors plus belle qu'aujourd'hui. Que penses-tu que je puisse te demander pour sauver Michel ?

Signis lui répondit par un fin sourire de moquerie et lui dit :

— Rien qui puisse me faire peur, Othon ; car si tu m'aimais encore, tu ne sauverais Michel à aucun prix.

— Qui sait ? dit Othon en riant aussi, tu es si belle ! et quoique mon âme rêve d'autres bonheurs, une fantaisie peut s'emparer du cœur le plus grave.

— Et s'il en était ainsi ? dit Signis avec une coquetterie qui semblait vouloir agacer le désir ; si tu éprouvais cette fantaisie, Signis ne te céderait pas, je te le jure.

— Je te suis donc bien odieux ? dit Othon.

— Non, dit Signis en envoyant à Othon son plus charmant sourire ; c'est que si je t'accordais ce que tu me demandes, tu ne voudrais plus sauver Michel.

Allons, viens près du sire Guy de Lévis.

— Folle, folle, lui dit Othon en riant, je t'aime parce que tu es une vraie femme, amoureuse et franche ; tu n'es pas comme ces froides et tristes Anglaises, qui ne sont que de sottes statues pour l'amour ou d'habiles ambitieuses qui font des projets d'homme.

Je sauverai ton Michel, et je te dirai à quel prix.

Viens.

Ils étaient prêts à sortir, lorsque Signis poussa un cri et s'arrêta.

— Qu'est-ce donc ? lui dit Othon.

— Malheur sur nous ! répondit Signis en montrant le corps de Guillemète qui était resté étendu près de la balustrade, il m'a semblé voir remuer ce cadavre.

— C'est la clarté dansante des flambeaux qui s'éteignent qui t'a trompée, et maudite soit cette femme qui nous a causé tout cet embarras !

— N'importe, dit Signis, j'ai cru voir ses yeux s'ouvrir et ses lèvres remuer.

Couvre ce cadavre ainsi abandonné ; s'il nous faut repasser par cette galerie, je ne veux plus le voir.

Othon chercha autour de lui quelque chose à jeter sur ce corps ; il aperçut sa propre robe de romieu qui avait été posée sur la balustrade, il en couvrit Guillelmète, et bientôt après il disparut avec Signis dans un des passages intérieurs du château.

XII

En peu d'instants, ils arrivèrent à la chambre qu'on appelait la chambre du Paon, et dans laquelle le sire Guy de Lévis était enfermé.

Personne ne veillait à la porte ; car elle était d'une épaisseur telle que nulle force humaine n'eût pu la briser.

Avant d'entrer, Othon dit à Signis :

— Maintenant, va chercher ta fille et l'enfant que le maure Ben-Ouled a amené dans ce château.

— Cet enfant ! dit Signis étonnée ; que vous fait cet enfant ?...

— C'est là ma première condition, Signis, lui dit Othon ; elle n'est pas, ce me semble, difficile à remplir.

Amène-le avec ta fille et apporte-nous ici ce qu'il faut pour écrire.

Signis s'éloigna, et les deux chevaliers demeurèrent seuls.

— Sire Guy, lui dit Othon, tu sais que ta mort est décidée parce que tu as traîtreusement assassiné une fille de race serve.

— Pour quelque motif qu'on demande ma vie, dit Guy de Lévis, tu peux la prendre ; elle est en ton pouvoir.

— C'est parler bien haut, dit Othon d'un ton rude ; c'est parler comme un homme qui a la peur dans l'âme, que d'affecter ce dédain de la vie au moment où je viens dans ta prison ; car tu es trop habile, sire de Lévis, pour ne pas savoir que si j'y viens, j'ai quelque intérêt à la sauver.

— Quelque intérêt ? reprit Lévis.

— J'ai dit intérêt, reprit Othon avec impatience, pour que tu n'aies pas des réponses ou des questions équivoques, et parce que nous n'avons le temps ni l'un ni l'autre de jouer auquel des deux est le plus fin.

Écoute, je connais tes projets ; je les ai épiés et surpris au couvent de Saint-Maurice ; les miens sont écrits sur ces deux parchemins que nous allons échanger.

Le sire Guy de Lévis prit l'un des parchemins et lut ce qui suit :

« Sur mon honneur et mon Dieu, moi Guy de Lévis, je m'engage à reconnaître de ce jour en un an la suzeraineté du comte de Toulouse pour la possession de Lagarde qui est ma possession légitime par mon mariage avec Ermessinde, la fille du comte de Terride, à qui le château revient du chef de sa mère et par l'abandon des droits qu'y peut y avoir Othon son frère, abandon qu'il fait par le présent acte. »

Guy de Lévis regarda Othon d'un air de surprise ; mais celui-ci, sans aucun trouble, lui tendit l'autre parchemin renfermant cette déclaration :

« Sur mon honneur et mon Dieu, moi Othon de Terride, je m'engage à reconnaître d'ici à un an la suzeraineté du comte de Montfort pour mon château de Terride, abandonnant au sire de Lévis mes droits au château de Lagarde qui lui appartient par son mariage avec ma sœur, fille de la comtesse Signis. »

Guy réfléchit un moment.

Othon lui dit :

— D'ici à un an, ou je me connais mal en évènements, ou la guerre aura décidé entre nos deux seigneurs. Si le comte de Toulouse triomphe, ce sera à moi à te faire maintenir dans ta châtellenie de Lagarde, et en garantie de ma bonne foi, tu

2

auras ce parchemin par lequel tu pourrais me perdre. Si c'est Montfort au contraire que Dieu choisit pour posséder ce pays, ce sera à toi à me maintenir dans mon château, ou bien cet engagement remis par moi à Simon te dénoncera comme un traître.

Guy ne répondit pas d'abord, puis après un moment de silence, il lui dit :

— Je ne sais point signer, mais j'ai fait graver le sceau de mes armes sur le pommeau de mon épée, fais qu'on me la rende et je l'apposerai sur ce parchemin.

— Soit, dit Othon en reprenant les deux parchemins, je vais te le renvoyer par le maure Ben-Ouled.

Seulement, je te préviens que le passage secret qui, de cette salle, perce le sommet de la colline et va s'ouvrir sur son revers parmi les broussailles et les houx qui le cachent, restera fermé.

Guy se tut, comme un homme pris à la ruse à laquelle il croyait en prendre un autre.

— Je sais, continua Terride, que la comtesse Signis cherche en tous lieux un homme dévoué pour aller lever la lourde pierre qui arrête la herse ; mais elle n'en trouvera pas, et à l'heure où je sortirai d'ici sans ce parchemin, quatre hommes armés y veilleront.

— Je signerai, dit Guy de Lévis.

— La comtesse va nous apporter ce qu'il nous faut.

Guy se taisait, mais on voyait qu'il lui répugnait singulièrement de faire ce qu'on lui proposait.

Était-ce la transaction en elle-même qui lui déplaisait comme un acte déloyal, ou bien ne craignait-il de faire ce pacte honteux que parce qu'il en redoutait le danger ?

C'est ce que le sire de Terride ne pouvait deviner.

Enfin Guy de Lévis lui dit :

— Est-ce donc là toute ton ambition, et n'es-tu rentré en Provence que pour y reprendre ce château et ces terres ?

Cette question fit sourire Othon qui répondit :

— Toi-même, si Simon de Montfort triomphe, comptes-tu borner tes prétentions à cette seigneurie de Terride, et ne penses-tu pas que le comte de Foix a fait une résistance assez désespérée à la croisade, pour mériter que le nouveau comte de Toulouse le dépouille de ses terres et en investisse quelque brave chevalier de son armée, qui ne lui aura pas fait faute sur le champ de bataille ?

Ce qui reviendra de chacun de nous si son parti triomphe sera sans doute mesuré à nos services, et chacun de nous saura les faire valoir comme il l'entend ; mais ce qu'il est nécessaire d'assurer, c'est la part qui restera au vaincu : je m'en suis fait une, je t'en ai fait une autre : je ne puis t'offrir davantage.

Guy hésitait encore, lorsque la comtesse Signis entra avec Ermesinde et le jeune enfant que Terride lui avait dit d'amener.

— Pourquoi la comtesse ici ? dit Lévis, et pourquoi cet enfant ?

— Signons d'abord, et tu le sauras ensuite, dit Othon.

— Il y a une ruse pour nous perdre en tout ceci, dit Guy ; je ne signerai pas.

— Comme tu voudras, dit Othon en se plaçant près de la porte, l'épée nue.

Mais je te l'ai dit une fois, tu ne sortiras d'ici que par ma volonté, et aucun de vous n'en sortira qu'après avoir accepté mes conditions.

— Qu'est-ce à dire, s'écrie la comtesse, est-ce une trahison ?

— La peur vous rend tous fous, dit Othon avec mépris ; songez que ni vous ni moi n'avons de temps à perdre en vaines discussions.

Si je voulais ta vie, sire de Lévis, ne me suffit-il pas de l'abandonner à ceux qui la réclament et qui y comptent.

Si la tienne me gênait, Signis, le secret de Michel prononcé aux oreilles de mon père suffirait pour qu'elle fût condamnée.

Comprenez donc que ce que je fais m'est plus utile qu'à vous, et pour que vous n'en doutiez pas, voici ce que je veux : tu ne partiras pas seul, Guy de Lévis, tu emmèneras ces deux femmes et cet enfant.

Dans une heure vous serez au bout du souterrain, et dans une heure je vous en ouvrirai l'issue. Les ôtages de ma bonne foi sont ce parchemin que tu pourras montrer aux chevaliers ici assemblés, si je manquais à ma promesse, et cet enfant que vous me remettiez à l'issue du château et que vous serez sensés avoir enlevé.

Ainsi, je sortirai seul du château sans qu'on puisse me soupçonner d'avoir aidé à votre fuite.

— Et que voulez-vous faire de cet enfant? dit Guy de Lévis.

— Ce me sera un gage contre la vengeance du Maure Ben-Ouled ; d'ailleurs, telle est ma volonté.

Songez qu'il me reste à peine une heure pour pourvoir au salut de Michel.

— Oh ! s'écria Signis, signez, sire Guy... Je connais Othon, un nouveau refus de votre part, et il livrerait Michel à la rage des Provençaux.

Ermessinde se taisait, mais on voyait que ce projet de fuite lui souriait autant qu'à sa mère, et, enfin, Guy de Lévis se décida à signer.

— Maintenant, dit Terride, songez que notre projet ne peut réussir que par l'exactitude avec laquelle nous nous rencontrerons à l'issue extérieure ; c'est surtout vous que cela intéresse ; car il faut que vous ayez gagné au moins une heure de route sur ceux qui, sans doute, se mettront à votre poursuite, dès qu'ils auront appris votre évasion.

A la porte de l'issue, je vous dirai en quel endroit vous retrouverez Michel.

Othon quitta aussitôt la chambre du Paon, dont il tira les verrous extérieurs.

Puis il s'arrêta un moment, et sourit à la grande victoire qu'il venait sans doute de remporter.

Cependant, il lui restait à sauver Michel, et comme son intention, surtout, était de ne pas être compromis aux yeux des chevaliers provençaux, il choisit le moyen le plus simple pour obtenir le salut de ce jeune homme.

Certes, la vie de Michel était de fort peu d'intérêt pour Othon, et, malgré sa promesse à Signis, il n'eût pas hésité à la sacrifier, mais il comprenait bien que ce ne serait qu'à ce prix que l'enfant lui serait remis, et, à ce qu'il paraît, il lui importait également que l'héritier du vicomte de Béziers ne fût ni au pouvoir des Français, ni au pouvoir des Provençaux.

Nous avons dit, dans un chapitre précédent, qu'au moment où Othon était demeuré seul, il avait hésité soit à se rendre à l'appartement de son père, soit à l'intérieur, soit à la chambre du Paon.

Cette hésitation n'avait d'autre cause que l'incertitude de savoir par où il commencerait l'exécution de son projet, jusqu'au moment où il fut entraîné par la comtesse Signis à se rendre d'abord auprès du sire Guy de Lévis.

Ce plan de conduite vis-à-vis de ce Français était arrêté d'avance, et il se serait aisément exécuté entre le sire Guy, prisonnier, et Othon, sans le meurtre de Guillemette ; mais ce meurtre, tout en créant un obstacle à son succès, avait fourni à Othon le moyen de faire enlever le jeune Adhémar de Béziers sans qu'on le soupçonner d'y avoir prit part.

Ce fut donc pour assurer le succès de son projet, qu'Othon se rendit immédiatement dans l'appartement de son père presque au moment où Crédo venait de le quitter.

XIII

Lorsqu'Othon entra dans la chambre de son père, il le trouva assis, l'œil fixé sur le poignard qu'il avait laissé tomber quand Crédo avait prononcé le nom de Michel.

On eût dit qu'il ne s'apercevait pas de l'entrée de son fils ; car il ne bougea pas au bruit que fit celui-ci.

Othon, que l'heure pressait, ne respecta point cette profonde préoccupation ; et, s'avançant vers le vieux sire de Terride, il lui dit d'une voix assez haute pour l'arracher à la pensée qui le dominait :

— Mon père, je vous apporte le suprême adieu de votre fils.

Le vieillard le regarda d'un air tout-à-fait égaré, et répartit :

— Ne l'appelle pas ainsi ; ne lui donne pas ce nom; et puisqu'il doit mourir, qu'il meure inconnu.

A cette parole, Othon se recula, et, malgré lui, il porta la main sur son épée comme s'il eût craint quelque attaque soudaine.

Le vieux sire de Terride se leva, et reprit en s'approchant d'Othon :

— Tu le frapperas, toi ; tu me vengeras, toi... Ne l'épargne pas.

Crois-moi, écrase le serpent, ou il te déchirera comme il m'a déchiré.

Othon crut comprendre qu'en ce moment il se passait dans la folie de son père une de ces étranges contradictions où la pensée est préoccupée d'une personne que l'œil ne reconnaît pas ; ainsi Othon ne doutait pas que ce ne fût de sa mort que lui parlait son père.

Jamais une grande affection n'avait régné entre eux, même avant le jour où la passion les avait désunis ; cependant il faut dire que le fils était revenu bien décidé à oublier les griefs qu'il avait contre son père, et que, malgré l'accueil qu'il avait reçu, il n'avait pas songé à s'en armer contre lui, et il avait mis sur le compte de la folie les étranges paroles qui demandaient son prochain départ.

Cependant à ce moment, où il crut se voir sacrifié à un ressentiment qui avait survécu à toutes les autres passions, une funeste pensée lui traversa l'esprit, et il murmura en lui-même que ce ne serait pas une triste chose de voir finir la vie de ce vieillard inutile à lui-même et nuisible encore à tous les siens.

Cette pensée s'évanouit comme un éclair, et Othon reprit d'une voix impérative :

— Me reconnaissez-vous, mon père, et ne savez-vous pas que c'est à moi, votre fils, que vous parlez ?

— Je le sais, Othon, reprit le vieillard d'une voix sombre et avec un rire amer, et c'est parce que je te connais que je suis sûr qu'il mourra.

Tu es brave et fier, Othon, ou tu n'as pas tenu ce que promettait ta jeunesse ; mais tu n'as jamais été si brave et si résolu que lui, et tant qu'il sera vivant, tu ne pourras dormir en paix dans ce château et te croire le maître de mon héritage.

Othon écoutait son père avec une extrême surprise ; car il reconnaissait que la confusion qu'il avait cru deviner dans les idées de son père n'existait pas, seulement le vieillard lui parlait de choses qu'il ne pouvait comprendre.

Le comte Guittard de Terride vit sans doute cet étonnement, car il reprit aussitôt :

— Pourquoi me regardes-tu ainsi, Othon ? On dirait que tu ne me comprends pas. Cependant tu dois savoir tout, toi ; ne t'as-tu pas appelé mon fils ?

Un éclair soudain sembla illuminer tout à coup l'obscurité où se perdait le jeune Terride, et il dit alors à son père, d'une voix basse et interrogative :

— Michel ? n'est-ce pas.

— Est-ce que tu l'ignorais ? répartit le vieillard en se reculant.

Othon ne répondit pas à cette question : car déjà d'autres pensées le préoccupaient ; déjà la pensée de perdre Michel s'était emparée de lui, et déjà il calculait comment il pourrait le livrer à la vengeance du vieux sire de Terride, lorsqu'il avait promis de le réunir à la comtesse Signis, ou c'était par cette réunion seule qu'il pouvait obtenir qu'on lui remît le jeune orphelin de Béziers.

Emporté par ces réflexions, Othon se demandait déjà comment son père pouvait lui prédire que Michel le troublerait dans la possession de son héritage ; et comment il se faisait qu'il en eût disposé pour sa fille ou le sire Guy de Lévis, sans en rien réserver pour ce fils inconnu.

D'ailleurs quel était ce Michel qui se révélait ainsi à lui après vingt ans, mais qui devait être né cependant avant que lui-même n'eût quitté le château de son père ?

Ainsi volait de questions en questions qu'il ne pouvait résoudre l'active pensée d'Othon, tandis que celle de son père, retombé dans sa torpeur, semblait avoir complètement oublié ce qui venait de se passer à l'instant même.

Espérant arracher à son père quelques mots qui pussent l'éclairer et le déterminer, il l'appela de nouveau à haute voix, et lui dit :

— Mon père, c'est donc la mort de votre fils que vous voulez ?

Mais déjà l'esprit du vieux sire de Terride s'était laissé emporter à d'autres idées ; car il se mit à murmurer en regardant la terre d'un œil fixé et morne :

— Tous les deux ! ils l'ont aimée tous les deux ! tous les deux mourront ! Viens çà, Crédo, ramasse le poignard et la bourse, et va-t'en faire justice ; ils doivent dormir l'un et l'autre, car il n'y a que les vieillards outragés et méprisés qui ne dorment pas ; allons, prends une le poignard.

Othon espérant qu'en cédant à la parole de son père, il l'exciterait à continuer, ramassa l'arme fatale et répondit :

— Et puis après, seigneur ?

— Crédo, reprit le vieux comte, tu sais maintenant un secret que personne ne sait au monde, pas même lui qui ne devait l'apprendre que par mon testament qui était là à côté de la bourse et du poignard.

Tu ne diras pas ce secret à Othon, puisqu'il doit vivre lui, puisqu'il n'aime plus la comtesse, et que la comtesse ne l'aime plus.

Othon écoutait avec une étrange anxiété cette vague parole où s'exprimaient d'une façon si incertaine les pensées encore plus vagues du vieillard.

L'expression de la figure de Guittard devenait de plus en plus triste et mélancolique ; il reprit sa place, et penchant sa tête sur ses mains, il se laissa aller à dire d'une voix larmoyante :

— J'ai été un père bien malheureux, Crédo ; le fils, l'héritier légitime de mon nom, a osé me disputer celle que j'aimais, et celui que j'avais destiné à le remplacer me l'a ravie.

Comme nous l'avons montré à nos lecteurs, lorsque le vieillard se prenait à accuser Othon de sa propre faute. Crédo n'essayait point de lui répondre, trouvant inutile de l'irriter ; mais le jeune Terride ne voulut pas accepter si facilement l'accusation, il répartit d'une voix sévère :

— Vous avez été un père injuste, seigneur, c'est vous qui avez volé sa fiancée à votre fils ; c'est vous qui l'avez injustement accusé de félonie pour lui ravir son héritage ; et, lorsque vous avez voulu donner vos châteaux à l'enfant de quelque coupable amour, Dieu a voulu, pour vous punir, que le préféré accomplît le crime que vous aviez voulu prévenir en frappant l'innocent.

Encore une fois la pensée du vieillard échappa à Othon, au moment où il croyait l'obtenir par la menace, comme un moment avant par l'obéissance.

Le vieux Guittard se mit à regarder son fils sans colère, et lui dit :

— Est-ce vrai, Othon, et Crédo ne m'a-t-il pas trompé ? Ils s'aiment tous deux, et ils m'insultent, et ils vivent encore quand tu es ici dans ce château !

Un sourire de satisfaction et un regard de joie parurent sur le visage du vieux Terride ; il s'écria, comme quelqu'un qui vient de trouver un argument qui doit tout résoudre :

— Mais ils t'insultent aussi, toi, car tu l'aimes, cette femme ; elle t'a fait des serments, et elle t'a oublié comme elle m'a méprisé ; si ce n'est pas pour moi, c'est pour toi que tu les tueras tous les deux, n'est-ce pas ? Et tous les deux doivent mourir, elle surtout, elle.

Une fois encore, l'esprit de Guittard s'égara dans cette pensée de jalousie effrénée qui le dévorait, et il continua :

— Elle et lui, car, si elle vivait, je te l'ai dit, Crédo, elle deviendrait l'épouse d'Othon ; il l'aime, cette femme ! Qui ne l'aimerait pas... elle est si belle, et je l'ai tant aimée, moi !

Puis il se leva tout à coup, et s'écria dans un accent de fureur indicible :

— Il faut qu'ils meurent tous, tous, Othon comme les autres !

— Eh bien ! dit celui-ci, voulant profiter de ce moment d'égarement pour obtenir ce qu'il désirait, donnez-moi un ordre écrit de votre main, et je vous réponds que, dans une heure, vous n'aurez plus à en redouter aucun.

— Non, non ! dit sourdement le vieillard en riant cruellement, non, non !

Mon Dieu ! il y a des heures où je suis fou et où j'oublie ce que j'ai arrêté dans ma volonté ; non, tu vas aller chercher Michel, tu lui diras de venir ici, et je lui remettrai ce testament qui est là et qui lui assure mon héritage.

Tu comprends, Crédo, continua le vieillard avec un tremblement furieux, l'un sera armé des droits de sa naissance et l'autre des droits de ma volonté ; tu comprends, tous les deux amoureux de Signis, tous les deux avides, tous les deux jaloux, ils se déchireront l'un l'autre ; ils se tueront, car, lorsque des frères se battent, c'est pour se tuer !

Va chercher Michel.

Le vieillard s'était approché de l'armoire ouverte où le testament se trouvait sans doute.

Othon suivait son père avec anxiété ; car, à cette époque, si les meilleurs droits étaient contestés par la force, les plus mauvais y trouvaient un appui, et Othon, malgré les précautions qu'il venait de prendre pour son avenir, ne se souciait point de laisser créer contre lui cette prétention ; mais le vieillard ferma brusquement l'armoire, et Othon, qui avait espéré un moment pouvoir s'emparer de ce testament, laissa échapper un geste d'impatience.

—Va me chercher Michel, dit le vieillard en se retournant, et justice sera faite.

Othon hésita un moment, mais il s'éloigna presqu'aussitôt, comme s'il eût craint de ne pas avoir le courage d'accomplir assez vite la pensée qui lui était venue.

XIV

Pour quitter l'appartement de son père, il lui fallait traverser la galerie où nous avons fait passer les premières scènes de ce livre; les flambeaux s'étaient peu à peu éteints, de façon qu'Othon se trouva dans une profonde obscurité.

Cependant, il avait une connaissance assez exacte des lieux pour se retrouver aisément, lorsqu'en franchissant la balustrade, il entendit auprès de lui un profond soupir et une sorte de murmure.

Othon eut peur, et ce mouvement d'effroi dans un homme d'un pareil courage eût prouvé, à quiconque eût pu en être témoin, combien devait être horrible la pensée qui l'occupait.

Quand l'esprit de l'homme médite de sinistres projets, protégés par la nuit et le silence qui l'enveloppe, il lui semble que la moindre lueur, que le moindre bruit qui trouble ce silence et éclaire cette obscurité, pénètre aussi dans sa pensée et la devine.

Othon s'arrêta tout-à-coup comme saisi par une force surhumaine, et il se mit à écouter. Il n'entendit rien d'abord; mais au moment même où il se décidait à quitter la galerie, un nouveau soupir, un murmure mieux articulé se firent encore entendre.

L'effroi de Terride fut moins grand, car il se rappela la remarque que Signis avait faite, il se rappela qu'elle prétendait avoir vu remuer le cadavre de Guillelmète.

Cette fille n'était-elle réellement point morte?

Othon se pencha vers le sol, et ayant touché le corps, il sentit, en effet, que Guillelmète s'agitait pour se débarrasser de la robe de romieu qui la recouvrait.

Par un étrange prodige, la blessure que lui avait faite par hasard l'épée d'Othon avait déterminé une perte de sang qui avait suspendu l'asphyxie, qui avait donné à Guillelmète l'apparence de la mort, et qui était le résultat de la strangulation.

Dans un premier mouvement d'humanité, Othon releva Guillelmète et la plaça sur une pile de coussins. Il allait même appeler du secours, lorsqu'il songea que cet incident nouveau pouvait devenir un obstacle à l'exécution de son projet.

Peut-être le retour de Guillelmète pouvait-il changer les dispositions des hommes d'armes; peut-être n'exigeraient-ils plus la mort de Guy de Lévis, et ouvriraient-ils sa prison?

En ce cas, le pacte conclu entre le chevalier français et le seigneur provençal existait toujours; mais le jeune Adhémar de Béziers lui échappait, et était-il bien assuré que Signis, accusée d'avoir voulu l'enlever, n'en rejetât pas le projet sur lui-même?

A mesure que ces objections se présentaient à l'esprit d'Othon, il se résolvait davantage à taire cet évènement et à suivre le nouveau dessein qu'il lui avait formé.

Mais à peine s'était-il arrêté à cette nouvelle résolution, que de nouvelles objections se présentèrent à lui :

Michel ne pouvait-il, en passant par cette galerie pour se rendre chez le vieux sire de Terride, entendre ces soupirs étouffés, appeler Manuel, son fils, ses amis, et demander la liberté de Lévis, qu'on lui accorderait peut-être, car, en ce monde, on punit bien plus souvent le résultat du crime que son intention.

Cette fille de race serve, et l'on a pu voir quel cas Othon faisait de l'existence des individus de cette classe, cette fille avait été déjà un obstacle à l'exécution du premier plan de Terride; et lorsqu'il l'avait modifié, il retrouvait encore cet obstacle bien involontaire sans doute, mais qui n'en était pas moins irritant.

Othon tenait encore le poignard qu'il avait ramassé dans la chambre de son père.

Qu'était-ce que frapper cette femme morte aux yeux de tous, empêcher de se ranimer une existence presque éteinte quelques instants auparavant; le poignard fut levé...

Mais presqu'au même instant Othon entendit un nouveau bruit près de lui.

Il écouta pour deviner de quel côté on venait, et, à la lourdeur traînante du pas, au murmure inarticulé qui sortait de la bouche de celui qui s'avançait, Othon reconnut son père.

— Elle dort, disait-il tout bas; elle dort maintenant... bien! bien!...

On eût dit que l'enfer envoyait à Terride des expédients plus affreux les uns que les autres à mesure que de nouvelles difficultés se dressaient devant lui.

Il saisit comme une inspiration cette parole de son père et lui répondit :

— Oui, Monseigneur, elle dort ici...

— Où donc? fit le vieillard.

Othon s'approcha de lui, le conduisit près du lit où était Guillelmète, et posa sa main sur le sein de cette jeune fille.

— C'est elle! dit le vieux sire de Terride.

— Oui, répondit Othon...; c'est la comtesse Signis que vous cherchez.... Et Michel va venir, Michel que vous avez aussi condamné.

Le vieillard tressaillit.

Othon lui mit dans la main le poignard dont Crédo avait refusé de le frapper, et, sans s'occuper de ce qui pourrait arriver de cette horrible position, il s'éloigna rapidement et quitta la galerie.

Il n'y avait plus de doute pour lui sur les projets de son père; il voulait punir les coupables. Cette pensée du vieillard qui s'égarait au moindre choc d'une discussion, se redressait constante et entière dès qu'un moment de solitude lui permettait de la ramener à lui.

D'horribles évènements, d'épouvantables crimes pouvaient naître des rencontres que Terride avait préparées; mais il pouvait profiter des désordres qu'elles occasionneraient sans avoir l'air d'y prendre part, et le reste importait peu au froid et cruel ambitieux qui avait posé l'esprit de sa fortune sur la ruine d'un enfant.

Car ce n'était pas à d'autres fins qu'il voulait enlever l'héritier du vicomte de Béziers, en ayant soin toutefois que ce rapt retombât sur Signis ou sur le sire Guy de Lévis lui-même.

Mais il nous faut revenir aux évènements de cette nuit terrible, évènements qui eurent sur les évènements publics une influence que nul de ceux qui y prirent part ne pouvait prévoir.

A une vingtaine de pas de la porte de la galerie, Othon, aux premières lueurs du jour qui commençait à paraître, aperçut un groupe d'hommes d'armes parmi lesquels se trouvaient Crédo, Manuel, ses fils et le maure Ben-Ouled.

Il s'approcha d'eux, et s'adressant à Crédo il lui dit :

— Crédo, va chercher dans la salle où il est enfermé avec les hommes d'armes du sire de Lévis, ce jeune homme qu'on nomme Michel.

— Que lui voulez-vous? lui dit Ben-Ouled.

— Va le chercher, Crédo, reprit Othon avec une dédaigneuse humilité, je t'en prie; quant à ce que je lui veux, je le lui dirai tout haut, et devant vous, mes maîtres.

Va vite, Crédo... car voici le jour qui vient, et, je vous l'ai dit, je ne veux point assister à ce que vous appelez votre justice.

Crédo s'éloigna, et Manuel reprit :

— D'après ce que nous a dit Crédo, messire, votre père touche à sa fin. Pourquoi quitter ce château qui peut être le vôtre ce soir ou demain?

— Tu n'étais pas au service de mon père, Manuel, lui dit Othon, lorsque je l'ai quitté ce pays, sans cela tu saurais qu'alors, comme aujourd'hui, rien ne pouvait m'empêcher d'accomplir ce que j'avais résolu.

— Folie, dit le maure Ben-Ouled.

Hélas! j'ai vu revenir dans ce pays un chevalier aussi brave qu'un homme puisse l'être sous le ciel, aussi fort de cœur que de bras; il avait aussi une volonté de fer, cette volonté aveugle et implacable n'a fait que le conduire à sa perte et à la perte de la province qu'il voulait défendre.

— Tu veux parler du sire de Saissac, sans doute, dit Othon; car le comte de Foix m'a raconté souvent cette épouvantable histoire; mais ne t'alarme pas pour moi, Buat, on ne me verra jamais combattre au milieu de nos ennemis pour les trahir comme il l'a fait.

— Ne dis pas un mot contre lui, sire de Terride; car il fut à la fois un héros et un martyr.

— Dieu sauve la province de pareils défenseurs! dit Othon.

Mais, voici Michel; écoutez donc bien, mes maîtres, ajouta Othon avec mépris; écoutez bien ce que je vais lui dire, puisque vous êtes devenus les juges de vos seigneurs.

Michel s'approcha, et Othon le considéra avec une curieuse attention.

Michel était un pâle et beau jeune homme; son grand œil bleu avait une langueur charmante; ses cheveux blonds encadraient une figure douce et suave; une intelligence élevée et calme brillait sur son front; et quoique nulle faiblesse ne parût dans son attitude, cependant, à cette époque où les apparences de la force étaient la première beauté et la première recommandation d'un homme, on eût pu accuser Michel d'avoir l'air efféminé.

« Voici donc mon frère, se dit Othon, celui à qui mon père destine ce terrible héritage qu'il n'a su défendre. En vérité, ce n'est pas la peine de l'envoyer au danger qui le menace. »

Cependant, cette pensée s'effaça devant le regard froid et dédaigneux du jeune homme, qui lui dit:

— Pourquoi m'as-tu fait demander, sire de Terride, et quel ordre plaît-il au futur suzerain de ce château de me donner?

— Je n'ai point d'ordre à te donner, dit Othon froidement; mais j'ai à te transmettre ceux de mon père.

Crédo écouta d'un air curieux, et Michel sourit avec dédain:

— Les ordres de ton père, sire de Terride, et en quoi suis-je tenu de les respecter?

— Je l'ignore, dit Othon; mais moi, pour qui c'est un devoir d'obéir, je fais ce qu'il m'a commandé.

Mon père t'ordonne de te rendre immédiatement près de lui.

— Pourquoi?

— Je ne le lui ai pas demandé, messire. Je vous l'ai dit, j'obéis à mon père.

C'est un respect que je comprends que vous n'avez jamais appris.

Michel devint plus pâle encore et jeta à Othon un regard terrible.

— Nous nous reverrons, sire Othon de Terride!

— Où vous voudrez, maître Michel sans nom.

— Eh bien! lui dit Michel, puisque vous sortez de ce château, attendez-moi sur la route de Castelnaudary, je vous y aurai bientôt rejoint.

— Vous n'êtes pas encore libre, maître, lui dit Othon, à moins que ces braves gens ne veuillent vous délivrer, car ils sont les maîtres, ou bien que mon père ne vous ouvre les portes de ce château: mais je ne puis courir la chance de vous attendre trop longtemps. Ce sera pour une autre fois.

— Eh bien! je vous aurai rejoint plustôt que vous ne pensez, dit Michel, car je vais, de ce pas, demander ma libre sortie de ce château au comte, qui en est encore le maître.

Il fit un pas pour s'éloigner; mais Crédo, emporté malgré lui, par ce qu'il savait, s'écria:

— Arrêtez, messire, n'allez pas près du sire de Terride.

— Pourquoi cela? dit Michel froidement.

Crédo baissa la tête et murmura sourdement: .

— Allez donc, c'est probablement le ciel qui le veut.

Un instant après, Othon franchissait la dernière poterne du château, et Michel entrait dans la galerie, encore obscure, malgré les premières lueurs de l'aube.

XV

Cependant le jour s'était levé et il s'était déjà passé près d'une demi-heure depuis qu'Othon avait quitté le château de Terride, lorsqu'il arriva à l'issue qu'il avait promis d'ouvrir au sire Guy de Lévis.

Les prisonniers l'attendaient depuis longtemps, et lorsque Guy vit s'ouvrir la porte, il s'avança vers Terride, en lui disant:

— Je commençais à craindre que quelque obstacle ne vous eût empêché de quitter le château.

— Le temps ne vous a pas paru plus long qu'à moi, dit Terride; et maintenant remettez-moi l'enfant que je vous ai confié, et que Dieu nous guide chacun dans notre voie.

Pendant que les deux chevaliers échangeaient ces paroles, Signis s'était avancée à travers les houx et les broussailles, et avait jeté autour d'elle un regard curieux et rapide.

— Michel! s'était-elle écriée, où est Michel?

— Michel n'a besoin de la protection de personne pour se sauver, répondit Othon; n'est-il pas le fils bien-aimé et préféré de mon père? Et probablement à l'heure qu'il est, le vieillard mourant lui lègue son héritage.

— Le fils préféré de ton père! répéta Signis en se reculant. Tu es fou, Othon, ou tu veux cacher ta trahison sous un infâme mensonge.

— Si tu doutes de la vérité, dit Terride, tu peux rentrer dans ce château qui, à ce moment, doit être au pouvoir de ton mari ou de ton amant.

Je t'avais promis la vie de Michel, mais je ne savais pas que c'était trop de présomption au fils déshérité de prétendre sauver le fils qui avait à la fois la tendresse du père et l'amour de sa belle-mère.

— Tout ce que tu dis est impossible, dit Signis; tu m'as trahie, voilà tout, comme tu as trahi les Languedociens en sauvant le sire Guy de Lévis; ton ambition est ta seule loi..

— Comme ton amour coupable, dit Othon avec dureté, ta seule pensée.

Sire Guy de Lévis, c'est à vous que je m'adresse: ai-je tenu ma parole envers vous? êtes-vous prêt à tenir la vôtre?

Je n'aime point à faire d'inutiles menaces à un homme à qui je sais du courage; mais n'oubliez pas que le secret de votre fuite m'importe autant qu'à vous, et que, si je ne me l'assure par votre prompt départ, la mort seule pourra suffisamment m'en répondre.

— Vous avez raison, sire de Terride, dit Guy; prenez cet enfant, et nous nous éloignerons à l'instant même.

Guy se retourna alors vers Ermessinde sans daigner jeter un regard vers Signis, et il dit à la jeune fille:

— Ermessinde, êtes-vous prête à me suivre?

Celle-ci lui montra sa mère qui, la tête penchée vers l'intérieur du souterrain, semblait écouter si nul bruit ne venait de ce côté.

— Appelez ma mère, dit Ermessinde, sire Guy de Lévis, appelez-la.

— Comtesse Signis, dit le chevalier français, il est temps de partir; hâtez-vous.

— Non pas sans Michel! non pas sans lui! dit Signis avec désespoir.

Attendez, cet homme vous trahit.

Les deux chevaliers échangèrent un regard d'intelligence, et Othon reprit:

— Partez, messire Guy de Lévis; je me charge de déterminer la comtesse...

Puis il ajouta plus bas:

— Sa fille en a déjà trop entendu, et un mot qu'il est inutile qu'elle sache jamais déterminera facilement la comtesse à me suivre.

— Partez, ma sœur, ajouta-t-il tout haut en s'adressant à Ermessinde; vous êtes avec votre époux, et je ne serais pas sûr de sa loyauté, que les précautions que j'ai prises me seraient un garant certain qu'avant huit jours il vous aura donné son nom.

Ermessinde cependant, tout en se laissant entraîner par Guy de Lévis, regardait sa mère qui, toujours l'oreille attentive, semblait entendre comme un bruit lointain dans le long souterrain qu'ils venaient de parcourir.

Tout à coup un éclair de joie brilla sur son visage, et elle s'écria, avec un accent de rage satisfaite:

— Ah! traîtres et lâches, on a découvert notre fuite, et on accourt de ce côté. On vient, entends-tu?...

— Fuyez! s'écria Othon de Terride au sire Guy de Lévis, qui se hâta de descendre, avec Ermessinde, le rapide sentier de la colline.

— Les voici! les voici! reprit Signis en faisant un pas vers l'intérieur du souterrain, et en criant:

— Au secours! par ici, au secours!

Mais Guy, que cet appel alarmait, n'entendit pas ce cri se répéter plus longtemps; car Othon avait déjà repoussé l'énorme pierre qui barrait la porte, et avait laissé Signis enfermée dans ce cachot avec ceux qui venaient sans doute plutôt pour la punir que pour la protéger.

La suite de ce récit nous apprendra ce qui se passa dans

cette occasion-; mais nous devons, quant à présent, accompagner encore Othon de Terride pour montrer à nos lecteurs en quel état se trouvait alors la malheureuse province de la Languedoc.

A peine Othon avait-il fermé derrière lui la porte du souterrain, qu'il s'éloigna, emportant dans ses bras le jeune Adhémar, dont il ne pouvait calmer les cris. Cependant il arriva bientôt hors de la vue du château, gagna le pays du côté de Fanjaux, et là, s'étant procuré un cheval, il se mit en route de manière à arriver à Toulouse vers le milieu de la nuit.

Comme nous l'avons dit, Othon était parti de Beaucaire en suivant le littoral de la Méditerranée.

Arrivé dans les Pyrénées depuis deux ou trois jours seulement, et occupé pendant tout ce temps à parcourir les divers châteaux, qui n'avaient entre eux que de rares communications, et qui n'en avaient plus avec la capitale de la Languedoc, Othon, disons-nous, ignorait complètement la marche rapide par laquelle Simon de Montfort s'était rapproché de Toulouse.

Quoiqu'il sût que le pays était toujours occupé par les troupes croisées commandées par les lieutenants de Simon, il s'étonnait de ne rencontrer nulle part sur sa route les indices du mouvement que devait avoir imprimé au pays la nouvelle de la rentrée à Toulouse de son légitime suzerain.

Malgré la précaution qu'il avait prise vis-à-vis de Guy de Lévis, il s'alarmait sérieusement à l'idée de s'être imprudemment jeté dans une cause perdue ; et il hésita un moment à rentrer dans Toulouse, lorsque, arrivé à Caraman, il apprit que toute l'armée de Montfort était campée jusque sous les portes de la ville.

Othon, malgré son ambition, n'était pas un homme qu'un danger plus imminent pouvait pousser à commettre une lâcheté.

Il considérait en toutes choses où était pour lui l'avantage, et non pas le risque.

Ainsi, après un moment de réflexion, Othon comprit que sa plus grande fortune était du côté du comte de Toulouse, et, sans s'arrêter un moment à l'idée des périls où il s'engageait, il pénétra dans la ville et se rendit chez le célèbre bourgeois David Roaix, le centre de tous les complots contre les Français, celui qui seul avait osé résister à toutes les menaces de l'évêque, celui qui en ce moment encore prêtait secrètement sa maison au comte de Toulouse, et dirigeait, en qualité de Capitoul, l'administration des affaires de la ville.

Voici les événements qu'Othon apprit en arrivant chez David, événements qui semblèrent devoir perdre à tout jamais la Languedoc, et qui plus tard furent cependant les causes de sa délivrance.

Simon avait fait une telle diligence qu'après trois jours de marche il était arrivé à Montguiscard, où des courriers expédiés d'avance avaient convoqué toutes les troupes demeurées dans le Toulousain, ainsi que tous les hommes de guerre, chevaliers ou autres qui avaient reconnu sa domination.

Cela fait, il part au milieu de la nuit, et à la pointe du jour les Toulousains voient arriver une armée nombreuse à la tête de laquelle est portée la bannière au Lion-Rouge de Simon de Montfort. C'était cette même nuit que le comte était entré discrètement à Toulouse, et David Roaix se rendait au Capitole pour informer ses collègues de cet heureux événement, lorsqu'en traversant les rues il remarqua un étrange mouvement.

C'étaient de toutes parts des exclamations d'étonnement, la plupart mêlées de terreur, quelques-unes de joie ; car, comme dans tous les pays livrés à une guerre si longue et si cruelle, les habitants eux-mêmes s'étaient divisés.

Ceux qui avaient d'abord pris parti pour l'évêque Foulques et par conséquent pour Simon de Montfort pour ne pas être enveloppés dans l'accusation du crime d'hérésie, ceux-là d'abord, bien que leur lâcheté ne les eût pas beaucoup préservés des insultes et des exactions des Français, n'osaient cependant renier leur trahison, quoique le vieux Raymond eût été absous de l'accusation portée contre lui.

D'autres, dont la réputation ou la fortune était compromise au moment où les Français avaient paru pour la première fois, s'étaient faits les plus ardents partisans de la croisade, et ceux-ci ne s'étaient pas seulement compromis en reconnaissant Simon pour leur seigneur, mais encore en abusant de l'influence qui leur avait été accordée par le vainqueur, pour dénoncer et tyranniser ceux contre lesquels ils s'étaient fait des griefs d'une vieille dette poursuivie avec trop de rigueur, ou de quelque insulte qu'on ne leur avait pas pardonnée.

Donc ainsi que nous le disions, les uns annonçaient avec des cris de détresse l'arrivée des Français, tandis que d'autres criaient cette nouvelle avec un accent de menace.

David, à qui le comte de Toulouse venait d'affirmer avoir laissé Montfort et son armée devant Beaucaire, s'imagina que ce devait être quelques troupes demeurées sous les ordres d'Amaury son fils ou de Guy son frère, et se rendit immédiatement sur les remparts pour s'assurer de la vérité.

A sa grande surprise il reconnut que ces troupes qui arrivaient successivement en se déployant dans la campagne étaient plus nombreuses que toutes les bandes des lieutenants de Montfort réunies ensemble, et lorsqu'un écuyer vint planter en face de la porte de Sabra le pennon au Lion-Rouge, il ne douta point que ce ne fût Montfort en personne qui ne fût ainsi soudainement arrivé.

XVI

Cette coïncidence avec le voyage du comte, fit croire dès l'abord à David Roaix que Montfort avait été averti des projets du vieux Raymond, et, au lieu de se rendre au conseil pour y porter la nouvelle de l'arrivée de son seigneur, il regagna promptement sa maison, afin de mettre le comte en sûreté.

La manière dont se passèrent les événements de cette journée est si étrange et si rapide, que nous sommes obligé de la raconter pour ainsi dire heure par heure.

Avant que David Roaix fût arrivé sur le rempart, déjà bon nombre des habitants de la ville, et parmi ceux-là des plus riches et des plus nobles, s'étaient avancés en dehors pour reconnaître à quelles intentions cette armée s'épandait régulièrement et en bataille autour de la ville.

A mi-chemin à peu près des murs et des premières lignes, ils rencontrèrent leur évêque Foulques, celui-là même qui avait été si rudement traité par le comte de Foix, piquant de l'éperon, comme dit la chronique, ainsi qu'un chevalier, et semant sur son passage les bénédictions et les paroles :

— Allez, leur disait-il, allez, mes enfants ; car ce jour sera marqué comme heureux et grand dans les fastes de Toulouse.

Voici le véritable seigneur que Dieu, l'Église et moi, nous vous avons donné ; il vient, le cœur plein de bons sentiments, les mains pleines de richesses, pour embellir et enrichir sa belle et riche ville de Toulouse.

Allez tous lui rendre grâces ; car les premiers arrivés resteront dans sa mémoire pour l'heure où il répartira les biens de ceux qui auront encouru sa colère.

L'astucieux prélat pousse ainsi vers Montfort tous ceux qu'il rencontre sur la route et qui s'approchaient avec timidité ; cela fait, il s'éloigne, gagne la ville, et, une fois qu'il a franchi les murs avec la troupe nombreuse qui le suit, il continue la même comédie, aidé de l'abbé de Saint-Sernin, vénérable vieillard, en l'honneur duquel la population toulousaine avait foi, oubliant trop que la naïve simplicité du vénérable abbé avait plus d'une fois servi la fourberie de l'évêque jongleur.

Il arriva ainsi qu'en peu de temps un nombre considérable d'habitants, de barons, de chevaliers, s'étaient avancés imprudemment assez près de l'armée de Montfort pour être en un moment enveloppés et conduits devant lui.

Cependant David Roaix, ignorant ces événements qui se passaient avec une singulière rapidité, se rend au Capitole où il trouve ses collègues qu'il avait fait convoquer dans la nuit pour une communication bien différente.

Tous étaient inquiets, mais aucun ne soupçonnait encore ce qui se passait hors des murs, lorsque tout à coup arrive don Péron Domingo, l'Aragonais, qui s'illustra d'une façon si éclatante dans cette cruelle guerre, criant trahison, et apportant la nouvelle que plus de mille habitants de la ville, tant nobles que bourgeois ou hommes du peuple, sont au pouvoir de Simon de Montfort, ainsi que beaucoup de femmes et de demoiselles, dont les unes avaient suivi leurs frères ou leurs pères par curiosité.

A ce moment et sans qu'aucune délibération fût prise, par un mouvement unanime de colère et de rage, tous les capitouls s'élancent en dehors en criant :

— Trahison ! aux armes ! aux armes !

A ce cri qui se propage avec la rapidité de la foudre, quelques hommes et David Roaix en tête, se précipitent vers la porte de Sabra. Mais la porte, surprise par la troupe qui avait suivi l'évêque, avait déjà livré passage à plusieurs escadrons de Français et de Bourguignons qui s'étaient répandus par la ville.

Ces hommes, épouvantés par ce cri universel qui retentissait d'un bout de la cité à l'autre, s'étaient déjà jetés, les uns dans le palais du comte de Comminges, les autres dans l'église Saint-Sernin. L'intrépide David Roaix arrête un moment l'effort des nouveaux arrivants, et il envoie Domingo pour avertir ceux de la ville que ce n'est plus aux remparts, mais dans la ville même qu'il faut la défendre.

Alors (et nous laisserons parler la chronique elle-même), s'assemblent de toutes parts, courant ou éperonnant, chevaliers et bourgeois, servants et valets.

Chacun d'eux apporte l'arme ou l'armure qu'il trouve, soit un armet, un pourpoint de mailles ou un gonion, soit une hache émoulue, ou une faucille, ou un javelot, soit une bonne épée ou un bâton, soit un couteau ou une lance.

Et lorsqu'ils sont tous réunis entre eux, le père avec le fils, les dames avec les demoiselles, les nobles avec les pauvres, ils commencent, chacun devant sa maison et à l'envi les uns des autres, à élever des barrières.

Les bancs, les coffres, les cuves, les pieux, les tonneaux roulants, les poutres, les chevrons, sont montés de terre sur les tables et des tables jusqu'aux balcons.

Partout se dressent des barrières partielles, cette défense pour chaque logis ; et pendant ce temps, les trompettes qui sonnent, les cris des hommes et des enfants, le bruit des meubles qu'on entasse, font un si grand tumulte qu'il semble que toute la ville tremble, craque et va s'abîmer.

Alors et tout à coup le nombre des assaillants ayant enfin vaincu la résistance de l'intrépide bourgeois David Roaix, on entend résonner dans la ville le cri de *Montfort !*

Toulouse et Beaucaire ! répondent ceux de la ville, et la lutte commence. Les lances et les épées s'entrechoquent, les cailloux, les tisons brûlants pleuvent sur les assaillans, venant de droite, de gauche, devant, derrière, brisant les heaumes et les casques, les écus et les arçons.

Si bien que ceux de la ville repoussent trois fois le comte Guy, le frère de Montfort et ses hommes, les premiers qu'il avait envoyés à l'attaque.

Le rapport en est fait à Simon de Montfort, qui, furieux, s'écrie dans sa rage impuissante.

— Que le feu soit mis partout !

Alors les torches et les brandons sont allumés, on les lance contre les barricades qui s'enflamment, et en même temps le feu est mis à Saint-Rémizy, à Jouxaigues, au palais Saint-Estève.

Mais les Toulousains font face à ce nouvel ennemi. Les hommes combattent, les femmes apportent l'eau et éteignent le feu ; les bourgeois sont partout ; ceux-ci repoussent Montfort, et ceux-là assiégent la tour Mascaron et le palais de l'évêque, où les amis de Montfort se sont enfermés.

Trois fois encore Simon de Montfort se présente à la porte de Sabra, et trois fois il est repoussé par David Roaix et le terrible Domingo.

Les barrières sont incendiées ; mais les bourgeois combattent au milieu du feu, et les Français ne peuvent avancer.

La rage de Simon de Montfort s'accroît, et, ne pouvant franchir ce passage défendu avec tant de vaillance, il court vers Saint-Estève, que le feu envahit de toutes parts, et où il suppose le désordre plus grand.

Là, en effet, toutes les barrières, enflammées les unes après les autres, brûlaient dans toute la longueur de la rue de Baragnon.

Nul bourgeois n'avait pu y tenir, et tous s'étaient retirés, jusqu'au plan lui-même. Mais l'incendie les protégeait en les assiégeant ; car nul homme au monde n'eût osé traverser cet incendie, qui flambait à terre, qui flambait des deux côtés le long des maisons.

Nul homme ne l'eût osé, excepté Montfort. Il lance son cheval arabe, couvert de fer, à travers l'incendie ; le Lion, c'était le nom de son cheval, brise de son fort poitrail les poutres que le feu n'a pas encore entièrement consumées ; Montfort le lance plus rapide au milieu de ces flammes ; suivi des siens, qui auraient eu honte de rester en arrière d'un si noble chef, et tout à coup il paraît aux yeux des Toulousains sortant de l'incendie comme la foudre de l'éclair enflammé, frappant de sa terrible épée, tuant à chaque coup qu'il frappe, en faisant retentir l'air de son cri de guerre :

— *Montfort, pour Dieu !*

C'eût été l'heure de la ruine des Toulousains à cette surprise, si, parmi ceux qui occupaient la place, ne s'étaient trouvés les braves bateliers de la ville, les plus intrépides des corps marchands.

Ils opposent leurs crocs de fer aux lances des chevaliers ; et, les saisissant par leurs casques, par leur gorgeret, par leurs visières, ils les tirent avec tant de force qu'ils les désarçonnent et les laissent par terre, foulés aux pieds de leurs propres chevaux.

Tantôt la foule, repoussée par les chevaliers, reflue comme la mer vers un coin de cette place, qu'entoure l'incendie ; tantôt elle se lance plus furieuse contre Simon de Montfort et le refoule à son tour.

Enfin David Roaix reparaît encore, et avec lui la rage du courage qui l'anime ; il paraît, en quelques minutes Simon et les siens, acculés dans la rue, sont obligés de tourner bride et de prendre la fuite.

Furieux de sa défaite, Simon se précipite vers la porte Sardane ; mais là encore ses hommes, montés sur leurs chevaux de fer, ne peuvent atteindre ceux qui les reçoivent, du haut des fenêtres, avec les tuiles et les poutres des toits, avec les pierres des murs, avec les portes arrachées à leurs gonds, et qui pleuvent sur eux.

Enfin la nuit vient, et Simon, désespéré, sort de la ville et va regagner lentement sa forteresse.

Il rentre au château narbonnais, gardé depuis longtemps par les hommes de l'évêque Foulques : il y rentre la rage dans le cœur, la pâleur sur le visage et la menace à la bouche, et il ordonne qu'on amène devant lui les barons et les bourgeois dont il s'est traîtreusement emparé le matin.

Cependant, les bourgeois sont restés maîtres de la ville, ils éteignent l'incendie, rétablissent les barrières, et attendent debout que le jour leur amène de nouveaux combats.

Hélas ! ce jour ne devait leur amener que de nouvelles trahisons.

XVII

Si l'histoire n'était là pour prévenir le doute à cet égard, on n'oserait jamais croire qu'après tant de perfidies cruelles de l'abbé Foulques, cet homme pût encore tromper les Toulousains ; c'est cependant ce qui arriva.

A peine le combat dont nous avons fait le récit était-il terminé, que l'évêque envoie aux habitants de la ville messagers sur messagers ; ce n'est pas pour leur demander de prime-abord de se soumettre, mais pour leur faire dire qu'ils ont bonne chance de traiter avec le comte de Montfort ; ce n'est pas non plus pour leur proposer d'être leur intermédiaire, mais pour les engager à tenir dans la commune une assemblée, où va se rendre l'abbé de Saint-Sernin, qui a été toujours favorable à la cité.

La nécessité de s'entendre, peut-être plus encore que les paroles de l'évêque, détermina David Roaix à convoquer les nobles, les barons et les bourgeois qui stationnaient armés chacun dans son quartier, chacun devant sa maison ; car les combats divers de cette nuit, quoiqu'ils eussent eu partout pour résultat d'expulser les Français, n'avaient eu aucune relation entre eux.

C'était l'effort particulier de quelques hommes, et il était temps de songer à organiser une défense générale et mieux combinée.

Donc, dès l'aube du jour, tous ceux qui avaient le droit d'assister au conseil de la ville se rendirent au palais communal ; ils y trouvèrent l'abbé de Saint-Sernin, assis entre le prieur de son ordre et maître Robert, savant légiste vendu à l'évêque Foulques, et qui n'avait d'autre mission en cette circonstance que de souffler au crédule abbé les paroles et les serments par lesquels il devait tromper le conseil.

Aussi, à peine David Roaix avait-il commencé à rendre compte de l'état de la ville et des moyens de résistance qu'elle avait encore, que l'abbé se lève en disant :

— A quoi sert de vous occuper de vous défendre contre qui ne veut point vous attaquer ?

— Pourquoi ? s'écria vivement David Roaix, qui craignait les paroles de l'abbé ; pourquoi Montfort est-il donc venu avec une armée se poser insolemment en face de la ville, et pourquoi lui et ses hommes ont-ils voulu enfoncer violemment les portes ?

— Ce que tu dis-là, David Roaix, répliqua l'abbé, est un insigne mensonge ou une fatale folie :

Le comte Simon, en se rendant en Gascogne, où Roger-Bernard de Foix excite le pays à la révolte, a passé devant Toulouse, parce que Toulouse est sur son chemin ; un certain nombre de ses hommes sont entrés dans la ville, parce que, comme suzerain reconnu par la sainte Église, reconnu par vous-même, il a droit d'albergue pour lui et mille de ses chevaux ; si donc le sang a coulé, si une horrible mêlée a eu lieu, la faute en est à ceux qui, à l'aspect de ses troupes, ont crié trahison et fait un appel aux armes ; en cette circonstance les Français n'ont point attaqué, mais ils se sont seulement défendus.

Faut-il que cette fatale méprise soit un prétexte de guerre implacable ? Le glaive est tiré des deux côtés, l'extermination va planer sur cette ville ; heureusement, votre vénérable évêque a expliqué les choses au comte Simon, notre seigneur, comme je viens de vous le expliquer ; il lui a démontré que c'était des deux parts un malentendu, et il a reconnu que si l'alarme vous a pris trop vite, la colère l'avait emporté trop chaudement.

Cependant il avait, pour suspecter vos bonnes intentions, des raisons que vous n'aviez pas contre lui ; il sait, à n'en pouvoir douter, que, malgré vos serments, quelques-uns des bourgeois de cette ville, de ceux qui ne voudront ni la clémence ni la rigueur ne sauraient jamais soumettre, avaient gardé des intelligences avec le vieux comte Raymond ; qu'enhardis par la tentative désespérée de son fils, ils organisaient une révolte contre l'Église, qui a donné Toulouse au comte Simon, et la preuve de ce que j'avance, c'est que dans le cri de guerre qu'ils faisaient entendre cette nuit, ils unissaient ensemble Beaucaire et Toulouse ; mais tout cela sera oublié, et c'est chose qui vous agrée et vous plaise, un accord sera fait entre vous et Montfort.

Celui-ci est déjà repentant et chagrin du dégât que cette nuit a causé à la ville de Toulouse, qui est la plus belle fleur de sa couronne.

Il faudrait qu'il fût insensé pour vouloir exterminer et détruire la plus noble et la plus riche cité de toute la terre, après Rome, la mère des villes.

— Seigneur, répondit David Roaix, pardonnez-nous si nous n'avons aucune foi en la parole de notre évêque ; il a toujours été pour nous une cause de calamité. D'ailleurs, ce n'est point une méprise qui a amené le combat d'hier ; ça été la trahison de Simon, qui s'est violemment emparé des habitants qui étaient allés, par simple curiosité, regarder son armée.

Ma conclusion est donc qu'il n'y a d'accord possible et même de pourparlers possibles pour arriver à cet accord, qu'autant que Simon nous aura rendu ceux ceux qu'il tient par fraude enfermés dans son château narbonnais.

— Si vous voulez les réclamer, dit l'abbé, venez en la tour Villeneuve, qui appartient à notre évêque, et qui est terrain neutre, et ils vous seront rendus.

— Soit, dit le noble Aimeric de Narbonne ; moi et les principaux de ma famille, nous irons ; car ils m'ont pris ma fille et son mari don Lara, ils m'ont pris mon plus jeune fils Philippe, et je n'ose penser qu'un noble chevalier ait la volonté de retenir prisonniers ceux qu'il n'a ni combattus ni vaincus.

Quels sont ceux de la noblesse ou de la bourgeoisie qui consentent à m'accompagner ?

L'autorité d'Aimeric de Narbonne était grande, et il la devait autant à son courage qu'à ses vertus.

Personne n'osa penser que sous sa sauvegarde on pouvait courir le moindre risque, et plusieurs des plus nobles chevaliers, plusieurs des plus riches bourgeois se présentèrent pour l'accompagner.

— Ne viendras-tu pas avec nous, David Roaix, dit Aimeric, toi le premier de la ville ?

— Je n'irais pas près de Foulques ou de Montfort, répondit brutalement celui-ci, eussé-je Notre Seigneur Jésus-Christ à mes côtés.

Il n'y a pas de traité ni de transaction possible entre Toulouse et Montfort.

Ceux qu'il a pris sont comme les agneaux enfermés à la boucherie, et vous pouvez leur dire adieu ; mais c'est trop de folie d'aller accroître le troupeau.

— Dieu t'a frappé de sa malédiction, David Roaix ; car tu ne vois partout que crime et trahison.

— Dites plutôt que Dieu vous a frappés d'aveuglement, vous tous, qui ne voyez pas que vous n'avez qu'exterminé tion à attendre de cette race ennemie.

Appartient-il à quelqu'un ici, même à vous, noble Aimeric de Narbonne, d'oser compter sur ce que vous êtes pour croire qu'on respectera votre personne, lorsqu'on n'a pas respecté le vaillant vicomte de Béziers attiré dans un piège pareil.

— Je lui donnai ma parole et ma garantie, dit l'abbé.

— Roger avait celle de Nevers qui valait celle de tous les prêtres du monde, et ne lui a servi de rien.

— Voilà, dit le légiste Robert, voilà les hommes qui appellent la ruine sur les populations par leurs blasphèmes et leurs résistances insensées.

Venez à Villeneuve, bourgeois et barons, vous y verrez l'évêque ; et si sa parole ne vous touche pas, si ses offres vous paraissent suspectes, vous serez libres de rentrer dans la ville, et vous pourrez faire dans quelques heures ce que vous voulez faire maintenant.

— Nous y allons sur votre foi, seigneur abbé, dit Aimeric de Narbonne, et nous pensons que Montfort respectera la garantie de ceux qui ont été ses fidèles appuis.

— Croyez, dit l'abbé de Saint-Sernin, qu'il ne serait pas assez audacieux pour rien faire contre votre foi ; car, s'il l'osait, l'Église pousserait un tel cri contre lui, qu'il serait bientôt exterminé.

À l'instant même, Aimeric de Narbonne et plusieurs des plus nobles barons s'acheminèrent vers Villeneuve, accompagnés des bourgeois de la commune à qui déplaisaient l'autorité et la bonne réputation de David Roaix.

On a raison de croire, après ce qui s'était passé la veille, qu'une fois au champ de Villeneuve, les chevaliers provençaux n'aient pas compris qu'ils avaient été entraînés dans un nouveau piège, et qu'ils ne se soient pas retirés en toute hâte vers la ville.

Mais, d'après un récit catalan, il se passa à ce moment une singulière comédie de la part de Foulques.

Dès qu'il aperçut les chevaliers, précédés de l'abbé de Saint-Sernin et de maître Robert, il s'avança vers eux en pleurant et en se lamentant.

Un clerc le suivait, portant un sac de cendres dont il prenait des poignées qu'il se jetait sur la tête, en tombant de temps en temps à genoux, et levant les mains au ciel avec de grands cris :

— Mon cœur est contristé, s'écriait-il ; mes entrailles sont déchirées.

Nous sommes venus vers Toulouse, la fleur des villes, pour y apporter la paix et l'abondance, et voilà que le démon a soufflé la guerre entre les frères et les alliés ; le comte est irrité, et vous voilà tous armés comme pour le combattre.

Voulez-vous donc que je meure de désespoir ? et certes je mourrai, si vous ne mettez bas les armes, comme Simon a dépouillé sa colère. J'en ai fait le vœu, et vous pouvez voir que j'ai dessein de l'accomplir.

Suivez-moi, et voyez à quelle extrémité vous avez réduit celui qui vous porte dans son cœur comme ses enfants.

En parlant ainsi, et en continuant à témoigner une douleur frénétique, il entraîna tous les chevaliers à sa suite au-delà des bornes du champ, et, leur montrant une fosse ouverte à quelque distance, il s'écria :

— C'est là, c'est là que je vais me coucher dans l'éternité, si vous n'êtes pas sensibles à mes larmes et à mes prières.

Il y court et se précipite dans la fosse.

Les chevaliers, par un mouvement instinctif, s'élancent après lui, et l'évêque, continuant ses contorsions, les tient arrêtés au bord de cette fosse par ces paroles :

— Couvrez-moi de terre, brisez mes os, étouffez ma voix, puisque vous ne me croyez pas lorsque je vous dis que le comte n'est venu à Toulouse que pour votre bonheur et votre sécurité.

Certes, de pareils actes de la part d'un évêque doivent nous paraître bien étranges ; mais ce qui est plus inconcevable encore, c'est qu'au moment même où il menaçait de mourir, parce qu'on n'avait plus de foi en lui, des hommes d'armes s'étaient glissés derrière le groupe des chevaliers, et les servants de Simon, armés de petits bâtons blancs, en touchaient déjà les barons toulousains en leur disant :

— Vous avez dépassé les limites du champ où devait se tenir le Parlement ; vous êtes les prisonniers du comte de Montfort.

Quelques-uns voulurent mettre l'épée à la main et résister, mais il n'était déjà plus temps ; et Foulques, sortant de sa fosse, se mit à leur dire d'un ton furieux :

— Ah! traîtres et chiens, qui êtes restés les partisans du comte de Toulouse et du comte de Foix, qui m'ont si insolemment insulté dans le concile de Latran; je vous tiens à mon tour ; et si votre véritable seigneur, le comte Simon, en croit ma parole, pas un de vous ne tirera désormais l'épée contre lui et la langue contre moi (1).

XVIII

Ces nouveaux prisonniers furent conduits dans le château narbonnais et entassés dans une cour avec tous ceux de la veille.

Nous ne répéterons pas ici le touchant récit de la chronique sur les souffrances et les lamentations de ces malheureux qui demeurèrent deux jours entiers, femmes, enfants et vieillards, sans abri et sans nourriture ; nous ne rapporterons pas les féroces paroles de Montfort qui, du haut d'une fenêtre, les menaçait à chaque instant de mort si la ville ne se rendait pas. Nous dirons seulement que c'en était fait, à partir de ce moment, de la cause de Toulouse.

La plupart de ses habitants avaient parmi ces prisonniers des parents ou des amis que la résistance de la ville eût condamnés à une mort certaine.

On ouvrit les portes, et, par une précaution qui eut dû avertir les Toulousains de la cruauté des projets de Montfort, des messagers envoyés par lui, et porteurs de listes dressées par l'évêque Foulques lui-même, allèrent de quartier en quartier, de maison en maison, appelant les principaux habitants, les femmes comme les hommes, et les envoyant au château narbonnais où Montfort continuait à les entasser.

Ainsi la ville fut dépeuplée de tous les nobles qui eussent pu organiser la résistance.

Et quant au bourgeois David Roaix, dont l'autorité était égale à celle des plus puissants, il avait disparu immédiatement après le conseil, où Aimeric de Narbonne s'était décidé à aller au rendez-vous proposé par l'évêque.

Ce fut le soir de ce jour où Toulouse se trouva à la complète merci de Simon, sans qu'il eût daigné occuper la ville, que le sire de Terride y arriva avec le jeune Adhémar de Béziers.

Il y pénétra d'autant plus facilement que, comme nous venons de le dire, Simon n'y avait point envoyé de gardes ; car il disait, en regardant ses nombreux prisonniers et en raillant maître Allard, ingénieur fameux pour la construction des remparts et des machines :

— Je suis plus habile que vous, Messire, car j'ai enfermé Toulouse dans la cour de mon château.

On avait donné à Othon de Terride des indications assez précises pour qu'il pût trouver la maison de David Roaix, il y arriva donc sans avoir à parler à personne.

Il frappa vainement à la porte qui ne s'ouvrit point ; seulement lorsque, après plusieurs tentatives inutiles, il fut prêt à s'adresser à une maison voisine, la voix d'un homme qui passait se fit entendre et lui dit :

— Y vois-tu clair dans la nuit ?

— J'y vois clair, répondit Othon, parce que je marche dans la voie du Seigneur!

— Suis-moi donc, lui répondit cet homme, car je suis son flambeau!

Othon lui obéit, et ils marchèrent ainsi pendant près d'une heure, et finirent par arriver à l'extrémité de la ville, dans une petite masure qui semblait abandonnée.

C'est là qu'Othon trouva David, le comte de Toulouse et quelques autres chevaliers, de ceux qui avaient rempli une mission pareille à celle de Terride.

Quand celui-ci écouta le récit de l'héroïque résistance des habitants, et que parmi les faits d'armes que chacun racontait à l'envi, il n'entendit pas prononcer une seule fois le nom du vieux comte; qu'il apprit que le seigneur de cette cité qui

(1) Ne tirara l'espazo contr'el et la lengo contro y ou.

se battait si vaillamment, ne s'était montré à aucun endroit, il dit alors :

— Sire comte, j'étais venu ici pour accuser, mais je vois que j'aurais tort envers ceux que j'ai traités en votre nom de félons et de traîtres.

En effet, nul des châtelains que vous m'avez chargé de visiter n'a voulu s'armer pour votre cause, et je comprends maintenant qu'ils aient eu raison lorsque j'apprends de quelle façon vous secondez ceux qui meurent pour vous.

Le vieux comte Raymond se contenta de répondre par un triste sourire à ce reproche, tandis que David Roaix s'écriait avec colère :

— Tais-toi, chevalier maudit, car nous te connaissons pour être le même qui a été condamné il y a vingt ans comme félon; tais-toi et n'insulte pas à ton seigneur, lorsque le malheur pèse sur lui.

Si le comte de Toulouse n'a point pris part à ce combat, c'est que à l'heure où je l'ai prévenu, je l'avais déjà mis dans l'impossibilité de s'y mêler. Un homme de plus importe peu dans la bataille; mais ce qui importe, c'est que notre droit reste vivant dans la personne du comte, et aujourd'hui, tout tristes et tout vaincus que nous sommes, nous demeurons encore plus forts vis-à-vis de Montfort, par le seul fait de l'existence du seigneur légitime de cette cité, que si la cité elle-même et ses remparts étaient en notre possession.

— Puisque vous trouvez cela juste et bien, maître David, je n'ai plus rien à dire ; mais je ne m'étonne pas qu'on exige si peu de la valeur des chevaliers, quand ce sont les bourgeois qui sont les juges de leur honneur.

— Tu jugeras mieux ce qu'ils exigent, quand tu auras vu ce qu'ils font, sire de Terride, car ce combat n'est pas le dernier de cette guerre, et tu pourras y venir regarder, si cela te plaît.

Mais tu avais une autre mission que de convoquer les chevaliers à une prise d'armes.

As-tu découvert l'héritier du noble vicomte de Béziers? et cet enfant...

— Cet enfant, dit Terride, n'est qu'un orphelin qui m'a été confié par mon père.

L'héritier du vicomte est au pouvoir des Français, et il a été enlevé la nuit dernière par le sire Guy de Lévis, grâce à la trahison de la comtesse Signis, la femme de mon père.

Le comte de Toulouse regarda Othon d'un air sévère.

— Sire de Terride, lui dit-il, si mon fils ne m'avait raconté cent fois avec quel courage persévérant et héroïque tu l'as secondé dans son rude chemin à travers la France; si je ne t'avais vu moi-même combattre à Beaucaire, parmi les plus vaillants, je m'épouvanterais du mensonge que tu oses prononcer avec tant d'audace et d'impudence.

Le nom du vicomte est écrit sur le visage de cet enfant pour tous ceux qui ont connu son père; c'est là le véritable héritier du noble Roger, et les malheurs de ce pays ne nous ont pas tellement séparés les uns des autres, qu'il n'y ait ici quelqu'un qui ait connu cet enfant, il y a moins d'un an dans le château du comte de Foix.

Quels étaient donc tes projets en voulant nous soustraire cet enfant sans défense?

Othon hésita à répondre, mais il prit un air de dédain et répliqua :

— Tu as dit le mot, noble comte, je voulais le soustraire à l'influence de chevaliers dont les uns lui enseigneraient la révolte, et d'autres la lâcheté.

Je voulais vous le soustraire enfin, pour le remettre entre les mains de mon fils, comme le gage de l'obéissance de tous les suzerains qui relèvent de lui.

— C'est à ce titre que je le garde, dit le comte, car je suis encore le maître et le seigneur de la Languedoc, quoique toi et plusieurs de ta sorte aient jusqu'à présent feint de m'oublier, pour mettre mon fils en avant et l'élever à ma place; mais ni les uns ni les autres n'y réussiront.

Ennemis venus de l'étranger, ennemis sortis de mes comtés, ennemis cachés dans ma famille, je vous vaincrai tous.

L'accent avec lequel le vieux comte prononça ces paroles était si impératif, si souverain, que Terride ne répondit pas, et le comte continua :

— Tu iras dire à mon fils, et c'est une mission que tu rempliras comme je te la donne; tu lui diras qu'il se tienne enfermé dans la ville de Beaucaire, sans étendre plus loin sa conquête, jusqu'à ce qu'un ordre de moi lui dise ce qu'il a à faire.

— Je lui ferai cette recommandation, dit Othon, mais je doute que le jeune lion obéisse.

— Il obéira, repartit Raymond, ou j'irai le museler moi-

même. L'heure n'est pas encore venue où les enfants com-
manderont aux barbes grises.

— Mais l'heure est venue, dit Terride, où les hommes forts
sont las d'obéir à des seigneurs lâches et tremblants, et je ne
te remettrai point cet enfant.

Le comte fit un signe, et Terride fut immédiatement saisi
et désarmé.

— Ici comme au palais narbonnais, je suis le maître, dit
le vieux comte, ici comme au palais narbonnais il y a des
cachots et des puits sans fond pour faire taire ceux qui ont
la langue par trop insolente.

Écoute et tu décideras ensuite toi-même de ton sort, car
j'ai une autre mission à te donner.

Alors, et comme s'il eût été véritablement dans toute sa
puissance et assis sur son trône, il donna à chacun des ordres
qu'il devait exécuter durant son absence; il recommandait
l'apparence d'une complète soumission.

— Nous avons été prévenus, disait-il, et ce serait folie que
de tenter un soulèvement.

A mesure qu'il disait à chacun en quel endroit il devait
aller, celui-ci partait aussitôt et s'éloignait, si bien que peu
à peu il ne resta plus dans la masure que le comte, David
Roaix, Othon et l'enfant.

— A nous, maintenant! dit Raymond; suis-nous, messire
Othon, j'ai à te donner quelques instructions.

Othon, demeuré seul en face de deux hommes seulement,
pensa que véritablement, comme l'avait dit le comte, son sort
était entre ses mains; mais ce n'était pas comme l'entendait
Raymond.

— Marche près de moi, lui dit le comte; car à peine sortis
de la ville il faudra nous séparer, et je n'ai que le temps
nécessaire pour te dire ce que tu dois faire.

Othon obéit.

Le comte de Toulouse, baissant aussitôt la voix, lui dit :

— Tu es bien imprudent, toi que je croyais un homme
sage, de parler comme tu l'as fait; non pour ce qui me touche, grâce à Dieu j'ai assez de blessures au corps pour qu'un
reproche de lâcheté ne puisse m'atteindre; mais ne vois-tu
pas que l'insubordination des nobles et leurs divisions
augmentent incessamment l'ambition et la vanité des bourgeois qui menacent de tout envahir?

Non, je ne me suis pas mêlé à ce combat; non, je ne m'y
serais pas mêlé, eût-il dû amener la défaite et la ruine de
Montfort; car cette défaite et cette ruine eussent été l'œuvre
des capitouls et de ce fier bourgeois qui marche derrière
nous, et je n'eusse repris Toulouse que pour y obéir au
Parlement de la commune.

Je ne veux pas de mes comtés à ce prix.

Si donc je me suis montré sévère envers toi, c'est pour
obtenir leur obéissance; et maintenant n'oublie pas que si
ma parole est dure et mon geste impérieux quand nous nous
séparerons, ce sera non pour t'offenser, mais pour tromper
ce David que je hais, mais dont j'ai besoin.

Othon ne répondit pas et dit :

— Mais l'enfant?

— Je vais en Espagne; je suis un vieillard sans force, les
Pyrénées ont des passages difficiles...

— Soit, Monseigneur comte, dit Othon, j'aime mieux que
ce soit vous que moi.

En parlant ainsi, ils arrivèrent aux portes de la ville, et
David Roaix s'étant approché d'eux demanda de quel côté ils
comptaient se diriger.

Le comte prit David Roaix à part, et le flattant dans son
ambition comme il venait de flatter Othon :

— Oh! lui dit-il, si je n'avais besoin de lui pour porter
mes ordres, je le livrais à ton épée; mais patience, David,
nous avons tous deux les mêmes griefs, et le jour où je pourrai
reconnaître ceux qui m'ont fidèlement servi, il y aura plus
d'une terre qui passera des nobles aux bourgeois.

Le comte, allant ainsi de l'un à l'autre, arriva enfin sur
une hauteur d'où ils pouvaient apercevoir, aux premières
clartés du jour, l'armée entière de Simon.

— C'est ici, dit-il tout haut à Othon, que je dois te dire
ma dernière volonté; souviens-toi bien des paroles dont je
me sers pour les répéter à mon fils à ton arrivée à Beaucaire.

« J'ordonne à Raymond que le lendemain du jour où tu
seras près de lui, il renvoie à Rome celle qui l'a suivie. Dis-
lui bien que si la comtesse Régina de Norwich reste un jour
après ton arrivée dans les murs de Beaucaire, ma malédiction
tombera sur lui; et que jamais il ne sera reconnu ni par moi,
ni par ma noblesse, ni par ma bourgeoisie comme seigneur
de la Languedoc. »

— J'obéirai, dit Othon.

ÉPILOGUE.

Il avait à peine prononcé cette parole, qu'un léger tumulte
se manifesta dans le camp placé à quelque distance d'eux.

Des hommes en foule s'élancèrent vers Toulouse; la plupart
n'étaient point des soldats, mais on ne pouvait guère deviner
quel était leur dessein.

Le comte, prêt à partir, s'arrêta, et se tournant vers David
Roaix :

— Toi qui a des yeux plus jeunes que les miens, dis-moi
quelles sont ces troupes qui vont occuper notre ville?

— Restez, Monseigneur, dit Othon, dont la vue perçante
avait découvert quels étaient les instruments dont ces hommes
étaient armés, et Dieu veuille que votre bon droit, resté vivant en votre personne, ait une défense qui vaille celle que
vous allez perdre.

David Roaix parut ne pas comprendre le sens de ces paroles;
mais une demi-heure n'était pas écoulée que cette foule qui
entrait incessamment dans la ville, reparut bientôt sur les
remparts, et tout aussitôt on vit les pierres des murs s'é-
branler et rouler dans les fossés qu'elles comblaient.

D'un autre côté, des travailleurs étaient montés sur les toits
des plus riches maisons, et en commençaient de même la
démolition.

Cette œuvre, lentement commencée et en quelques points
seulement, s'étendit bientôt avec une telle rapidité que, lorsque le soleil fut tout-à-fait levé, le tumulte était si grand et la
poussière si épaisse, que la ville s'enveloppa dans un nuage
blanchâtre qui ne permettait plus de rien voir.

Seulement on entendait de temps en temps le bruit d'un
écroulement, et un flot de poussière pareil à un jet de fumée
perçait le voile qui enveloppait la ville.

— C'est Saint-Estève qui tombe, disait David; c'est le palais
de Comminges qui croule.

Le comte se taisait; une pâleur livide couvrait son visage
immobile.

Tout-à-coup un bruit violent domina tous les autres, et une
nouvelle bouffée de poussière monta vers le ciel.

David poussa un cri de rage, et le comte murmura tout
bas avec une accent de joie :

— C'est le Capitole qui tombe.

Le Capitole était le palais où se tenaient les Parlements des
bourgeois.

Le comte prit par la main l'enfant que David Roaix avait
jusque-là porté dans ses bras, et s'éloigna en disant :

— N'oubliez rien ni l'un ni l'autre.

Othon piqua vers Beaucaire, et David Roaix demeura seul
sur la colline.

Il y demeura jusqu'au soir, et deux jours n'étaient pas
écoulés que Toulouse n'avait plus de remparts pour l'en-
ceindre, plus de maisons fortes dans l'intérieur, à l'exception
du château narbonnais, occupé par la garnison de Montfort.

Toulouse n'existait plus comme cité redoutable.

. . . .

FIN DU COMTE DE FOIX

LE DOUANIER DES PYRÉNÉES

I.

Voici une simple histoire qui n'a pas les prétentions d'être un avis ou une opinion, mais qui pourra montrer par quels liens cachés un article de loi bien froid, bien arithmétique, peut émouvoir des passions intimes et douloureuses.

Le jour venait de naître.

Ses premières clartés bordaient d'une frange de lumière les crêtes dentelées de la montagne, et semblaient affaisser sur la vallée de B... les dernières ombres de la nuit et la blanche vapeur du matin.

Une femme entrouvrit doucement la fenêtre d'une cabane assise sur le bord du chemin qui traverse la vallée dans toute sa longueur. Elle porta autour d'elle des regard inquiets ; mais les collines n'avaient pas encore, sous la chaleur du soleil, relevé leurs voiles nuageux jusqu'à leur front, comme de belles esclaves qui livrent leurs charmes au regard ardent de leur sultan ; et la femme ne put rien apercevoir de ce qu'elle semblait chercher avec tant d'anxiété.

Cependant, en abaissant ses yeux vers le pied de la fenêtre où elle était placée, elle aperçut un homme endormi, appuyé au mur de la maison ; elle pousse un léger cri de surprise, descend rapidement, ouvre la porte et court vers cet homme.

Ce n'était pas celui qu'elle attendait, car, à son aspect, elle s'arrêta.

Ce n'est pas non plus un étranger, car, dès qu'elle a été près de lui, et qu'elle a pu le contempler, elle a baissé les yeux subitement.

Elle a porté la main sur son cœur, comme si une vive douleur l'avait frappée ; elle est restée immobile, et a murmuré avec un étonnement douloureux :

— C'est Gaspard !

La rougeur, qui monte aux joues de la jeune femme, dit encore plus que ses paroles combien cet aspect l'a troublée, et le mouvement lent et triste avec lequel elle se détourne pour rentrer dans sa maison, laisse voir facilement qu'elle obéit en s'éloignant à un devoir tout puissant, mais accompli avec douleur.

Cependant, avant que ce mouvement soit fini, Jeannette a relevé les yeux, sa tête n'a pas suivi le mouvement de son corps, et elle a regardé Gaspard avec ce regard doux et fauve des femmes du Midi, qui embrasse et parcourt à la fois ce qu'il contemple.

Oui, c'est lui avec son beau visage de vingt-cinq ans, déjà pâle et triste, mais fier et méprisant ; le rire dédaigneux qui crispe d'ordinaire le coin de sa bouche, l'agite encore dans son sommeil. Il tient dans sa main le long bâton à deux bouts qu'il manie mieux qu'aucun homme de la montagne ; ses pieds nus dans ses espadrilles laissent voir de profondes écorchures, et sur sa chemise de fine toile attachée par une large épingle d'or à anneau, il y a du sang.

La jeune femme le contemple longuement ; puis, par une singulière préoccupation, ce regard, qui d'abord s'était arrêté sur cet homme endormi, semble s'en éloigner, sans cependant le quitter.

C'est que Jeannette se rappelle que Gaspard était son fiancé quand il avait vingt ans, et qu'elle en avait seize.

C'est qu'elle se rappelle que lorsque, lui orphelin, elle orpheline, ils allaient ensemble à la danse ; on les saluait d'une bienvenue cordiale et souriante. Car tous deux étaient si frais, si beaux, si charmants, que c'était au cœur des plus indifférents une douce satisfaction de les voir au bras de l'un l'autre.

C'était comme une chose bien faite, heureusement arrivée, un de ces hasards où tout s'assortit si complètement, qu'on est bien aise de les avoir rencontrés. L'envie même se taisait devant eux.

Quelle femme en effet eût pu dire : j'étais plus belle que Jeannette, et il me l'a préféré ?

Quel homme eût pu dire : je valais mieux que Gaspard, et c'est lui qu'elle a choisi.

C'est pour cela qu'elle le regardait ainsi endormi, pâle, triste, sanglant, en le voyant dans ses souvenirs, gai, alerte, joyeux. Deux souvenirs de joie, vous êtes devenus sans doute un regret ou un remords, car des larmes arrivent aux yeux de Jeannette, elle les laisse couler sans les sentir.

Pauvre femme !

Comme un enfant chassé de la maison paternelle par un créancier impitoyable, y rentre un soir sans qu'on l'aperçoive, et là, seul un moment, en parcourt les chambres une à une, regarde les moindres endroits, va fureter dans tous les coins pour y chercher les souvenirs passés ou des espérances perdues ; de même Jeannette, seule un moment, semble s'être glissée dans le passé de ses jeunes années, pour les visiter une dernière fois, et y chercher aussi ses souvenirs d'autrefois et ses espérances perdues.

Et comme l'enfant pleure le bonheur qu'il a eu et le bonheur qu'il a rêvé, Jeannette pleure de même.

Ces souvenirs deviennent si poignants, qu'après les larmes, quelques sanglots montent de son cœur : elle appuie ses mains sur sa poitrine pour les comprimer, lorsqu'un sifflet aigu, parti du sommet de la colline voisine, vient la faire tressaillir.

Ce sifflet, elle l'a reconnu ; il lui annonce l'arrivée de son mari, Jean l'Espérou.

Par un mouvement de crainte indicible, Jeannette s'enfuit vers la porte, oubliant que ce sifflet part d'une distance d'une demi-lieue au moins, et qu'à défaut de la distance, la brume du matin a voilé à tous les yeux cette faute qu'elle vient de commettre.

Car, il faut le dire, Jeannette est une femme pieuse et honnête, comme elle a été une pieuse et honnête fille, et elle sent bien qu'elle a ouvert la porte de son cœur pour y recevoir un moment celui qui l'habitait autrefois, et c'est presqu'un aussi grand crime devant Dieu que le serait aux yeux des hommes d'avoir ouvert à Gaspard la porte de la maison où elle a suivi son mari.

Elle fait quelques pas pour s'en aller, priant mentalement, et se promettant de confier cette faiblesse au vénérable M. Castel, le curé de B..., vieillard débile et saint, qui là soutient de sa parole quand, dans ses promenades sur le bord du ruisseau, elle le soutient de sa jeune main.

Déjà Jeannette a touché le seuil de la porte, elle est prête à rentrer, lorsqu'un nouveau coup de sifflet plus aigu s'est fait entendre.

Son mari descend rapidement, dans un quart-d'heure il sera à quelques pas de la maison.

Prête à se séparer une dernière fois de Gaspard, elle jette sur lui un dernier regard. Il dort toujours.

Il dort, le malheureux, lui si prompt, si vif, si rapide ; lui dont l'oreille saisit au loin les moindres bruits, en découvre la cause, en calcule la direction ; il dort ? Il a donc subi de bien rudes fatigues.

Quoi ! ce sifflet ne l'a pas éveillé, comme l'aboiement du limier éveille le cerf dans les bois ?

Mais l'Espérou va venir, et s'il trouve Gaspard endormi au pied de la maison, que fera-t-il ?

— Gaspard ? Gaspard ! s'écrie Jeannette.

Gaspard s'éveille aussitôt.

Cette voix l'a frappé comme un de ces bruits inexplicables, qui passent purs et sonores au milieu du fracas des voix humaines, des cris ou des tempêtes. C'est que cette voix n'a pas touché à son oreille qui dormait vaincue, comme tous ses sens, par la fatigue et la douleur ; elle a frappé à son cœur qui veille toujours et qui a répondu aussitôt.

— Jeannette s'écria-il en se mettant debout et avant de l'avoir vue, Jeannette, répéta-t-il a mi-voix en portant autour de lui un regard où s'agite une joie inquiète. Ah ! c'est vous, madame, lui dit-il (1) en l'apercevant.

Jeannette ne répond pas, mais elle ne s'en va pas.

Non que maintenant elle ait encore dans le cœur une seule pensée pour cet homme ; mais parce qu'elle ne sait comment lui expliquer pourquoi elle l'a appelé et pourquoi elle n'a rien à lui dire.

Un troisième coup de sifflet résonne au loin, Jean l'Espérou approche, et Jeannette, relevant les yeux sur Gaspard qui la considère d'un air triste et curieux :

— Vous entendez, lui dit-elle.

— Oui, c'est votre mari qui revient de la chasse aux contrebandiers.

Les paroles de Gaspard et le ton méprisant dont il les a prononcées, font rougir Jeannette, car l'insulte adressée à son mari est un reproche qui lui rappelle de bien tristes souvenirs, et elle réplique à Gaspard :

— Oui, le chasseur revient, et peut-être trouvera-t-il devant la porte de sa maison le gibier qu'il n'a pas rencontré sur la montagne.

— Non, Jeannette, il n'y a pas de contrebandier ici. Gaspard n'est, à cette heure, qu'un homme qui passe sur la route et qui s'y endort : C'est peut-être un vagabond que les gendarmes peuvent arrêter, mais ce n'est pas une proie de douanier. Jean l'Espérou peut arriver tant qu'il voudra. Je ne suis pas en faute.

Ce mot frappa Jeannette au cœur.

Qui donc était en faute, si ce n'est Gaspard, et pour qui avait-elle réellement peur en l'éveillant ?

Elle se tait, et Gaspard continue avec cet accent de raillerie insultante qu'il a pris depuis que Jeannette lui a préféré l'Espérou.

— Vous pouvez m'en croire, dit-il, il n'y a rien à saisir pour votre mari le douanier, à moins que ce ne soit cette marchandise, ajouta-t-il en prenant son bâton, et, s'il l'essaie, il peut s'apprêter à signer son procès-verbal avec du sang.

— Ce que vous dites là est cruel, reprit Jeannette froidement ; c'est bien digne de vous. Vous tueriez mon mari pour me remercier de vous avoir éveillé, parce que je croyais qu'il y avait du péril pour vous ici.

— L'as-tu fait pour cela, Jeannette, s'écrie Gaspard en s'approchant d'elle ; l'as-tu fait pour moi ?

— Je l'ai fait pour nous tous, répond la jeune femme avec sa froideur émue. Je n'ai pas envie qu'il m'arrive un nouveau malheur.

— Un malheur à toi ? et quel malheur t'est-il arrivé ? Tes enfants sont-ils malades ? As-tu perdu quelque chose ? Non, je sais qu'ils se portent bien, je sais que tu es heureuse, je sais que toutes tes journées se passent à travailler gaiement et en chantant ; il ne t'est pas arrivé de malheur.

Jeannette est femme ; elle a compris, elle, que cet homme qui est informé si bien de l'état apparent de sa vie, a dans le cœur une bien vive préoccupation de ce qu'elle devient. Mais lui ne l'a pas comprise quand elle lui a dit qu'elle craignait un nouveau malheur ; il n'a pas deviné ce premier malheur ; le malheur d'avoir préféré l'Espérou.

Gaspard n'est qu'un homme, il ne voit que la surface de la vie et du cœur, et les paroles imprudentes de Jeannette tombent dans son oreille sans lui donner ni espérance ni consolation : c'est pour cela que Jeannette lui réplique doucement :

— Vous avez raison, mais je sais combien tous deux vous vous haïssez.

(1) Dans le parler patois, il dit : Ah ! sies bous, l'Espérounna ; c'est-à-dire Ah ! c'est vous, la femme de l'Espérou. Ne sachant comment rendre cette intention, nous la traduisons par madame, bien que le mot soit trop solennel et moins significatif.

— Pourquoi ? dit amèrement Gaspard...

Jeannette rougit encore : elle a le cœur si plein de l'amour qu'elle inspire, qu'elle en parle malgré elle, et la réponse à la question de Gaspard eût dû être :

— Il te hait, parce que tu m'aimes ; tu le hais parce que je suis à lui.

Mais elle se contint et reprit :

— N'es-tu pas contrebandier ? N'est-il pas brigadier de la douane ? Une querelle pourrait naître entre vous. Tu es brave et terrible, Gaspard ; mais Jean n'est ni moins brave ni moins emporté.

— Oh ! je ne suis pas assez injuste pour ne pas le reconnaître, et quand il faisait comme nous et qu'il vivait d'un noble et vaillant métier, il était de tous le plus adroit et le plus intrépide ; nous le regardions, et moi tout le premier, comme notre chef.

— Je le sais, dit Jeannette, et il t'a laissé cette place à prendre, n'est-ce pas ?

— Oh ! madame, reprit Gaspard en ricanant, il m'en a pris une autre qui lui allait mieux.

— Vous avez toujours refusé d'entrer dans les douanes, dit Jeannette.

— C'est vrai, répliqua Gaspard avec colère et mépris, c'est vrai, quoique ce fût le chemin pour arriver à votre cœur.

— Ah ! Gaspard ! dit Jeannette, triste d'être ainsi insultée.

— Est-ce que ce n'est pas vrai, dis-moi ? s'écria le jeune homme ; est-ce que lorsque nous allions nous marier, malgré l'amour que Jean avait pour toi, tu ne m'as pas dit : Gaspard, quitte ton état, redeviens un homme paisible et je suis à toi ? Et parce que j'ai refusé et que Jean a accepté ; parce que je suis resté fidèle à mes camarades, et que Jean les a trahis, ne l'as-tu pas préféré, ne l'as-tu pas épousé ?

— J'ai fait mon devoir, Gaspard ; j'ai voulu te faire sortir de la vie de brigandages, pour que je devinsses honnête homme, tu ne l'as pas voulu. ce n'est pas ma faute.

Gaspard resta un moment immobile et muet, et reprit un instant après :

— Ni ta faute, ni la mienne, Jeannette ; c'est celle de M. Castel, c'est lui qui t'a prêchée, lui qui s'est servi de toi pour ramener comme il dit, dans la bonne voie, un homme égaré ; c'est lui qui t'a sacrifiée.

— Ne dis pas un mot contre le curé, s'écria Jeannette, c'est mon seul ami.

— C'est lui qui t'a perdue, te dis-je.

— C'est lui qui me console, au moins, reprit-elle.

— Jeannette ! s'écria de nouveau Gaspard, pour qui ce mot éclairait d'un rayon subit tout ce que cette femme venait de lui avouer d'amour et de désespoir. — Jeannette !

Mais au moment où il allait lui saisir la main, un frôlement se fit entendre dans les broussailles, et un homme de cinquante ans, les cheveux blancs, le teint brûlé, maigre, osseux, l'œil farouche, parut à côté d'eux et s'écria :

— Que fais-tu là, damné amoureux, n'as-tu pas entendu le cri du corbeau ? Cette nuit, quand tu m'as dit de veiller là-haut, parce que tu avais à faire dans la vallée, j'ai pensé que je te retrouverais ici. Mais, à ce que je vois, ce n'est pas à la porte que tu as veillé, et il devait faire plus chaud dans la chambre de l'Esperou que sur le haut de la colline, derrière un rideau, qu'à l'abri d'une branche de houx, et sur un matelas que sur une roche.

— Qu'osez-vous dire, s'écria Jeannette.

— Sémélaire*, dit Gaspard d'un ton froid, j'ai dormi à l'air de la nuit au pied de cette fenêtre, et c'est en sortant de maison que Jeannette m'a éveillé.

— Qu'il soit vrai comme il est dit, repartit le vieux contrebandier, c'est votre affaire et non la mienne ; mais ce qui presse, c'est de déguerpir. L'Esperou a des soupçons, on a battu la montagne toute la nuit ; les verts (douaniers) ne font que rentrer.

— Tant mieux, ils seront fatigués, quand nous serons reposés : ils dormiront, quand nous serons debout.

— Ta, ta, ta, fit le Sémélaire, tu n'as que des jambes de carton à côté des jambes de cerf de l'Esperou. Je l'ai vu marcher dix-sept heures durant sans s'arrêter. Je l'ai vu travailler trois jours sans dormir ; je l'ai vu grimper sur des rochers que tu n'oserais pas regarder.

— Eh bien, qu'il nous suive demain s'il l'ose dans le chemin que j'ai découvert cette nuit, et du diable s'il n'y laisse ses jambes, et s'il ne s'y endort si bien qu'il ne s'éveillera plus.

(1) Le tonnelier qui fait ce qu'on appelle des comportes pour la vendange. Souvent dans le Midi on ne donne pas d'autres noms aux personnes que celui de leur état.

— Oh! Gaspard, dit Jeannette.

— Allons, allons, le voilà, dit le Sémélaïre.

Et avant que Gaspard pût répondre, les deux contrebandiers disparurent derrière la maison.

II

Jeannette était restée debout sur la porte de la cabane.

Son cœur battait dans sa poitrine de l'émotion que lui avait causée son entretien, et surtout du commentaire qu'en avait fait le vieux contrebandier. Elle était pour ainsi dire absente du moment présent, tant sa pensée était préoccupée, lorsque son mari se trouva à côté d'elle.

C'était un homme de trente ans, peut-être plus beau que Gaspard, si la beauté se trouve dans ce qui dénote la force et la résolution dans l'homme.

Grand, bien fait, avec un visage austère, il eût pu servir de modèle à ces personnages à passions violentes et à volontés obstinées, qui font l'amour de notre moderne littérature.

Mais si complet qu'il eût été pour un poète, il lui manquait beaucoup pour une femme, surtout pour une femme de notre Midi, née avec l'amour et la joie dans l'âme; bien qu'une sainte éducation y eût fait dominer le devoir et la résignation.

Le fier regard de Jean l'Esperou, on le sentait, ne pouvait ni s'adoucir jusqu'à une prière, ni s'épanouir jusqu'à un sourire; il était fixe dans sa force.

Jean était bon mari, mais son visage grave et sa voix rude ne le disaient pas. Sa femme et ses enfants le craignaient, et il était peut-être le seul dans le secret de sa tendresse pour eux.

— Tu m'as entendu, Jeannette, lui dit-il en l'embrassant.

— Oui, j'ai reconnu ton signal, et j'aurais été au-devant de toi, si...

— Et tu serais gelée; et même tu es toute pâle et toute transie. Rentre, le feu est sans doute allumé; nous en avons besoin, car je t'amène un compagnon.

— Ohé! ohé! cria une voix à quelques pas, par où? par où?

— Par ici, dit Jean.

Aussitôt un homme, dont l'habit vert neuf attestait qu'il avait commencé depuis peu le périlleux état de douanier, se montra en regardant autour de lui en disant :

— Tiens, c'est drôle! il m'a semblé voir marcher quelqu'un de l'autre côté de la maison, et je croyais que nous n'étions pas encore arrivés.

— Est-ce qu'il y a passé quelqu'un? dit Jean.

— Je n'ai vu personne, dit Jeannette toute troublée.

— Pourtant, foi de Crampon, le douanier, je jurerais...

— Ne jure pas, Pousse-Caillou, reprit Jean; tu as juré vingt fois dans notre marche que tu voyais des hommes, et c'étaient des branches de buis ou de houx; tu prenais l'écho de tes pas pour les pas d'un autre. C'est que c'est plus difficile d'être douanier que d'être caporal de la ligne.

— Selon, selon, dit Crampon en essuyant avec son mouchoir son fusil trempé d'humidité.

Il est sûr que c'est pas aisé à faire son pas en trois temps foncièrement et régulièrement en grimpant ces escaliers sans rampes que vous appelez des routes, et que je ne suis pas encore très-fort pour marcher sur la corde tendue de ces petits boyaux de sentiers où le pied droit est gêné quand on y pose le pied gauche, ainsi de suite, tant qu'il y en a.

Je ne disconviens qu'il y a des pics où on ne se déploierait pas naturellement en front de bataille, et qu'on n'a pas toujours la place exacte pour tirer un coup de fusil régulièrement une, deux, trois, mais on s'y fera...

Il s'arrêta tout-à-coup au moment où il faisait le mouvement d'armer son fusil, et s'écria, en l'abattant sur sa main gauche... :

— Je vous dis que c'est vrai, il y a quelqu'un par ici, là, dans ces broussailles. J'ai vu remuer quelque chose.

— Où ça?

— Là, tu vois bout de mon fusil.

— Bah! dit Jean, c'est peut-être un izard qui s'est égaré par ici, ou qui vient boire à la source qui est tout près.

— C'est-il bon un izard? dit Crampon sans déranger son fusil.

— Excellent, quand c'est bien préparé.

— Eh bien, la bourgeoise nous fera cuire celui-ci.

Et sans attendre, il lâcha au hasard son coup de fusil dans la direction où il avait vu un mouvement.

Jeannette poussa un cri perçant, et Crampon, tout ébahi du bruit effrayant de son coup de fusil répété par mille échos, se prit à dire :

— Tudieu! quel feu de file soigné pour un coup; c'est drôle : pourtant c'est bien tiré; je vas voir là, si la bête est tombée.

Jean rentra dans la maison en haussant les épaules.

Jeannette, pâle, tremblante, demeura sur le seuil.

La voix de son mari vint ajouter à son épouvante.

Il cria du fond de la cuisine et d'une voix sévère :

— Que diable as-tu donc fait ce matin, Jeannette? le feu n'est pas allumé, le déjeûner n'est pas prêt.

— C'est vrai, c'est vrai... C'est que j'ai été si tourmentée de ne pas te voir. Tu sais que je crains toujours.

— Allons, c'est bon, c'est bon, dit Jean, je ne gronde pas. Allume le feu et ne tremble pas comme ça. On dirait que c'est la première nuit que je passe dehors. Tu es toute singulière ce matin. Eh bien! qu'est-ce que tu cherches?... Voilà le briquet et les allumettes... Voilà les sarments. On croirait que tu perds la tête.

— C'est cet homme avec son coup de fusil; tiens, il a éveillé les enfants; tiens, j'entends Paul qui pleure.

— Il faut qu'ils s'y accoutument, ça leur arrivera quelquefois d'être éveillés comme ça. Monte dans la chambre et habille-les.

Au moment où Jeannette saisissait la rampe de l'escalier, Crampon rentra une branche à la main.

— Eh bien ! lui dit l'Esperou, qu'as-tu trouvé?

— Rien trouvé !

— Maladroit ! fit Jean en soufflant le feu.

— Mais touché, reprit Crampon en montrant la branche; il y a du sang sur ces feuilles.

— Du sang ! s'écria Jeannette.

— Du sang d'izard ? dit Jean.

— Du sang d'homme, je parierais? dit Crampon.

— Comment ! s'écria Jean en se levant.

— Je l'ai reconnu tout de suite à l'empreinte des pieds qui étaient tout autour.

— Des pieds d'homme?

— Un peu, dit Crampon.

Jean jeta un regard rapide du côté de l'escalier.

Jeannette était montée dans la chambre.

Au moment où il allait l'y suivre, la porte s'ouvrit, et M. Castel, le curé de l'endroit, entra dans la cabane.

En le voyant, Jean se découvrit humblement; Crampon se mit à nettoyer son fusil, et Jeannette tomba à genoux devant le lit de ses enfants.

III

M. Castel, curé de la petite commune de B......, était un de ces vieillards comme on en rencontre bien peu dans les Pyrénées.

L'air vif et dur de ces montagnes use vite la vie. C'est surtout dans ce pays que l'on trouve à chaque pas de ces jeunes et ardentes existences qui se dévorent par trop de flamme; la poitrine, inondée d'une atmosphère où domine l'oxigène, se dilate, se gonfle et s'épanouit à respirer avec ivresse, jusqu'à ce que cette surabondance de vitalité l'irrite, la blesse et la tue au milieu des rêves d'une santé éternelle et des espérances les plus riantes de l'avenir.

Car c'est le symptôme le plus désespérant de cette maladie que les immenses et vagues espoirs des malades. Chaque jour de bonheur que le malheureux se promet est un jour de moins qui lui reste à vivre.

Deux heures avant la mort il pense à sa vieillesse, et, au moment où le délire de son mal lui fait croire à l'éternité de sa vie, il expire sans avoir la conscience de sa fin.

Peut-être alors se trompe-t-il moins que ceux qui se plaignent; peut-être alors a-t-il atteint cette suave éternité qu'il rêve à l'insu des autres, et nul ne connaît assez la sagesse de Dieu pour pouvoir affirmer que les espérances qu'il donne à ceux qu'il frappe ne sont pas des prévisions.

Cependant, lorsqu'il arrive qu'une de ces frêles et vives existences qui entrent en lutte avec l'air et le ciel de nos climats, leur résistent et en triomphent, alors elles deviennent malsaines, fortes et vivaces ; aucun mal ne semble plus pouvoir les atteindre.

Ces vainqueurs sont presque toujours des vieillards secs, maigres, nerveux, à peau parcheminée, jaune et ridée.

Ils ont une voix nette et forte ; aucune de ces infirmités qui rendent la vieillesse lourde, paresseuse et dolente, ne leur est connue ; ils ont un sommeil court, mais profond ; ils gagnent de nombreuses années sur la vie commune, et de longues heures sur l'existence journalière. Ils doublent le temps accordé par la nature aux autres hommes.

Ces exceptions sont rares ; mais celles qui existent ont une singulière conformité d'aspect et d'habitudes.

Ainsi M. Castel, comme tous les vieillards ainsi doués, se levait tous les jours à quatre heures du matin, et se couchait à minuit.

Tous les jours il sortait de très grand matin, et s'en allait par les champs qui attendaient le laboureur, et quand celui-ci arrivait tardivement, il se prenait de honte en voyant levé avant lui le vieillard à qui son âge commandait le repos ; car M. Castel avait près de quatre-vingt-dix ans.

Mais il n'était curé de la commune de B.... que depuis sept à huit ans, et ce fut dans les commencements de son séjour dans le pays qu'il usa de l'influence de sa parole et de son austère vertu pour arranger le mariage de Jeannette et de l'Esperou.

M. Castel, venu de l'intérieur de la plaine dans la montagne, habitué au respect des lois, et porté à blâmer, par sa nature et son caractère de prêtre, tout ce qui porte une apparence de faute et de désordre, M. Castel, disons-nous, avait, dès son arivée dans la commune, prêché avec ardeur contre la contrebande et les contrebandiers.

Pour lui, la contrebande et le vol, les contrebandiers et les voleurs, étaient la même chose.

Et ce fut, dans ce premier moment de pieuse exaltation qu'il voulut donner à ses ouailles l'exemple d'une jeune fille préférant l'honnête citoyen rentré dans les voies du devoir et de l'obéissance, à celui qu'elle aimait, mais qui s'obstinait dans la révolte et l'inconduite.

Les années se passèrent sans que les soins et l'éloquence de M. Castel parvinssent à rien changer aux habitudes des montagnards.

Mais selon les lois les plus simples de la nature, qui veulent que de deux choses, qui sont en contact continu et soumises à une action mutuelle, il y en ait une qui dévore l'autre ; M. Castel, qui n'avait pu entamer les rudes coutumes des montagnards, se laissa gagner par leurs idées sur la contrebande.

En voyant d'honnêtes pères de famille, des fils respectueux, des hommes pleins de piété et de bienfaisance se livrer à cette coupable industrie, la culpabilité en diminua à ses yeux.

Ce crime, qui ne s'attaque à aucun individu en particulier, mais à la société en général, dont la conséquence n'est pas immédiatement perceptible ; ce crime qui ne fait, pour ainsi dire, saigner aucune plaie patente, qui ne dérobe rien directement à personne, et dont on ne saurait nommer la victime, ce crime perdit peu à peu de sa gravité aux yeux du vénérable curé, et bientôt il parla avec moins de chaleur contre les coupables qu'il avait d'abord anathématisés.

Sans doute il ne partagea point le mépris public qui poursuivit Jean l'Esperou pour ce que l'on appelait sa trahison ; il n'ajouta point sa voix au blâme universel qui exila Jeannette de l'amitié de toutes ses compagnes, pour s'être associée à l'ennemi de la fortune de tous.

Mais lorsqu'il vit le résultat qu'il avait obtenu pour l'un et pour l'autre, il les plaignit dans le fond de son âme, et se crut obligé de leur devenir un appui constant, un guide assidu et un consolateur secret.

Cela était peu nécessaire envers Jean l'Esperou.

Il ne s'était pas dissimulé que la position qu'il choisissait serait une position de guerre et d'inimitié.

Si quelquefois la froide haine et le mépris flagrant qui l'entouraient lui devenaient cuisants, la douleur qu'il en éprouvait ne faisait que l'irriter, et c'était en devenant de plus en plus rigoureux dans l'exercice de ses devoirs, qu'il répondait à la réprobation commune.

Toutefois un chagrin incessant se joignait à ces chagrins passagers de l'Esperou : il aimait Jeannette. Jeannette s'était donnée à lui, elle l'avait épousé, et nul au monde n'eût osé dire qu'à aucune heure, à aucun moment, elle eût manqué de tendresse, de soins, de dévouement pour son mari ; mais celui-ci avait vingt-huit ans quand il l'avait épousée.

Avant d'être le mari sévère de Jeannette et le brigadier actif et sans pitié de la douane, il avait été le brave et joyeux contrebandier, le beau danseur des belles jeunes filles ; il savait comment on aime et comment on est aimé. Il avait vu plus d'un jeune et beau visage devenir heureux et confus à son aspect ; il avait saisi plus d'un regard furtif l'admirant ou le cherchant. Il savait tout ce que des paroles indifférentes peuvent dire d'amour par une voix émue, tout ce qu'il y avait de désir de lui plaire dans le soin qu'on mettait souvent à l'éviter.

Et il n'avait rien trouvé de tout cela dans Jeannette.

Elle était pleine d'une sainte et tendre affection. Elle se réjouissait pour lui, s'affectait pour lui, s'inquiétait de son absence, se disait heureuse de son retour ; mais, à toutes ces apparences, il manquait un sens profond.

Jamais il n'avait vu dans les yeux de Jeannette le bonheur indicible qui n'a d'autre raison que de penser intérieurement :

« Je l'aime. »

Jamais il n'avait découvert en elle cet orgueil de l'amour qui se complaît à s'appuyer sur un objet aimé, sans autre cause pour une femme de se montrer fière, que de se dire tout bas :

« Il est à moi ! »

Sans pouvoir faire un reproche à sa femme, sans qu'aucun mot, aucune action pût justifier ce sentiment, l'Esperou était jaloux. Il ne se sentait pas aimé.

Ce fut donc en lui un mouvement cruel et terrible que celui où Crampon, rapportant la branche sanglante, déclara avoir remarqué des pieds d'homme près de la maison.

Le trouble de Jeannette, la négligence apportée aux apprêts du ménage, cet homme aperçu par Crampon, tout cela lui était apparu d'un coup et l'avait bouleversé.

Aussi, quand il vit entrer M. Castel, l'Esperou le salua comme une providence.

Un mouvement si furieux, si désordonné s'était passé en lui, que lui-même s'en épouvanta, et accepta avec reconnaissance l'obstacle qui venait se placer entre sa colère et celle qui en était l'objet.

C'est que dans les cœurs longuement tourmentés d'une même pensée, la passion a fait pour ainsi dire tout son chemin en silence. Elle s'est posée en imagination dans toutes les situations où le hasard peut la conduire ; elle a discuté sur cette supposition le parti qu'elle aurait à prendre, elle l'a regardé en face, elle l'a arrêté.

Ainsi, l'Esperou s'était demandé plus d'une fois, et sans motif de se le demander, ce qu'il ferait si Jeannette le trahissait : il s'était répondu qu'il la tuerait.

Ainsi, quand l'idée qu'elle avait pu le trahir se présenta à lui, il n'avait pas à se consulter sur la résolution qu'il avait à prendre ; il n'avait qu'à s'assurer du crime. Le châtiment était décidé.

Quand M. Castel entra, il avait l'air soucieux.

Il s'assit au coin du feu, et s'informa de la santé de Jeannette d'un air plus empressé qu'à l'ordinaire.

— Je ne sais pas comment elle se porte aujourd'hui, répondit brusquement l'Esperou, c'est à peine si je l'ai vue.

— Il y a quelque chose de nouveau ici, l'Esperou, répondit M. Castel ; ce n'est pas ainsi que vous m'accueillez ordinairement ; ce n'est pas ainsi que vous parlez ordinairement de votre femme.

— Ma foi, repartit l'Esperou, j'en parle comme elle est, et véritablement il y a du nouveau : quand je suis rentré ce matin, elle était toute troublée ; rien n'était arrangé dans la maison.

— Et le déjeûner n'était pas prêt, ajouta Crampon en posant son fusil dans l'intérieur de la cheminée pour le faire sécher. C'est ce qui a fâché le brigadier, il a l'estomac colère.

— Est-ce cela ? dit le curé.

— C'est ça ou autre chose... c'est...

— Jeannette est une honnête femme, reprit M. Castel.

— Pourquoi la défendez-vous quand je ne l'accuse pas ?

— C'est que vous l'accusez en vous-même. C'est que ce qui s'est passé ce matin ici vous a donné des soupçons qui sont injustes.

— Il s'est donc passé quelque chose ! s'écria Jean en se levant et en se tournant vers l'escalier qui conduisait à la chambre.

Jeannette était descendue, et elle était debout, appuyée le long de la rampe.

— Oui, lui dit-elle. Ce matin, en ouvrant ma fenêtre, j'ai vu un homme endormi au pied de notre maison. Je suis descendue pour savoir qui ce pouvait être.

— Et c'était Gaspard, j'en suis sûr ? reprit l'Esperou.

— Oui, dit Jeannette.

— Le beau Gaspard, fit Crampon, l'ex-amoureux de madame l'Esperou.

— Prends garde à ce que tu dis, s'écria l'Esperou.

— Si je vous ai offensé, brigadier, je suis prêt à vous en rendre raison.

— Ah ! dit l'Esperou d'un air sombre, ce n'est pas de ton sang que j'ai envie.

— Et duquel ! s'écria le curé.

— Regardez comme cette femme est pâle, et vous le saurez, dit Jean. Elle m'a deviné, elle qui l'aime encore.

— Je suis innocente, monsieur le curé, s'écria Jeannette.

— Je le sais, mon enfant, je le sais, répondit le vieillard en se plaçant entre elle et son mari.

— Mais que se sont-ils dit pendant deux heures ? car elle se lève à six heures du matin ; il en était huit quand je suis rentré, et quand je suis rentré il était encore ici ; Crampon l'a vu s'enfuir.

— Un moment, brigadier, reprit Crampon. L'homme qui parle ait assez de bêtises pour ne pas en ajouter d'autres. J'ai avancé que j'avais vu passer un homme, mais je n'ai pas dit que ce fût le beau Gaspard. C'eût été bien imprudent de ma part, puisque je ne le connais pas.

— Qui t'a dit alors que ce ne fût pas lui ?

— Et qui vous a dit alors que ce fût lui ? repartit Crampon.

— D'ailleurs, dit le curé, Gaspard n'était pas seul quand je l'ai rencontré à deux cents pas d'ici, le Sémélaïré était avec lui, et Gaspard le pansait, il avait au bras une blessure légère.

— Tiens, dit Crampon, c'est lui que le brigadier a pris pour un lizard et que j'ai manqué de tuer.

— Eh bien ! s'écria une voix qui partait de la porte de la cabane, tâche de ne pas le manquer une autre fois, car lui ne te manquera pas.

C'était le Sémélaïré.

Crampon en le voyant s'élança sur la porte. Le Sémélaïré se retira de côté.

Mais au moment où le douanier franchissait le seuil, il s'arrêta soudainement, poussa un cri en portant les mains sur sa tête, et tomba.

Tout le monde courut à lui : le Sémélaïré avait disparu.

Cet incident détourna les idées de chacun, et on transporta le douanier dans l'intérieur de la maison. Il n'était qu'étourdi ; le coup de bâton que le Sémélaïré lui avait asséné avait été amorti par le chapeau.

Crampon revint bientôt à lui, mais il fut pendant quelque temps comme un homme ivre, et il répétait sans cesse :

— Bon ! bon ! bien ! très-bien !

Quand il eut tout à fait repris ses sens, il regarda autour de lui ; puis, apercevant le curé, il lui dit d'un air de jovialité cruelle :

— Curé, vous pouvez mettre du beurre dans vos épinards, je vous promets un enterrement.

L'Esperou regarda Crampon, et lui fit signe de se taire.

Puis, reprenant un air de tranquillité, il dit aussitôt :

— Si ce brave garçon n'en avait pas souffert, je serais presque content de son accident ; ça m'a donné le temps de réfléchir. J'ai reconnu que je suis un fou. C'est une affaire de contrebande qu'ils sont venus arranger par ici.

— Je crois bien qu'il y a de la contrebande là-dessous, dit Crampon d'un air fin.

Jean fit semblant de ne pas entendre, et reprit :

— Je te demande pardon, Jeannette, et à vous aussi, monsieur le curé. Femme, va chercher les enfants, nous allons déjeuner tous ensemble.

Jeannette tendit la main à son mari, et monta près de ses enfants.

— Je suis bien aise de vous voir réconciliés, reprit M. Castel, car l'union est nécessaire dans les ménages, quand les mauvaises nouvelles arrivent.

— Quelles mauvaises nouvelles ? dit Jeannette qui rentra avec ses enfants.

— Est-ce qu'il y a de mauvaises nouvelles à craindre ? dit l'Esperou, d'un air de bonheur qui ne lui était pas habituel, quand on a des enfants comme ça et une femme comme la mienne.

— C'est pour vos enfants surtout et pour votre femme que la nouvelle serait mauvaise si elle se réalisait.

— De quoi s'agit-il donc ? dit l'Esperou.

— D'un projet de loi, répartit le curé.

— D'un projet de loi qui supprime les douaniers ? demanda Crampon.

— Non, mais d'un projet de loi où il est dit que si l'un d'eux est blessé durant l'exercice de ses fonctions et qu'il ne meure pas de ses blessures dans l'espace de vingt jours, il n'aura pas de pension, même lorsqu'il serait incapable de reprendre du service ; et en cas de mort, sa veuve n'aura droit à la pension qu'autant que la mort aura lieu avant le vingtième jour de la blessure.

— Joli, joli, dit Crampon, ça va faire un charmant effet.

— Et quel effet crois-tu que ça fasse ? dit l'Esperou, si ce n'est de dégoûter les honnêtes gens d'un service si mal récompensé ?

— Ça fera, dit Crampon, du moins c'est l'effet que ça me fait, que lorsqu'on sera en face d'un contrebandier, on le tuera raide de peur qu'il ne vous blesse.

— Tu as raison, dit l'Esperou préoccupé, c'est le seul moyen d'en finir avec ces galants.

— Quels galants ? fit Crampon.

— Je veux dire, reprit l'Esperou, les contrebandiers.

— Comment pouvez-vous avoir de telles pensées ? dit M. Castel.

— Ma foi, monsieur le curé, on se défend comme on peut.

— C'est une guerre à mort que vous voulez engager avec les contrebandiers ?

— Eh bien ! tant mieux, dit l'Esperou ; si on est tué, du moins on laisse une pension à sa veuve et à ses enfants.

Le curé parut fort embarrassé et reprit :

— Sans doute, mais toujours, à la condition qu'on mourra dans les vingt jours de sa blessure.

— Oh ! dit le brigadier d'un air assez sérieux, ceci est abominable ! laisser une femme sans pension parce qu'on n'est pas tué assez vite ! Ce serait à faire déserter l'administration, et si je m'en croyais...

— Oh ! dit Jeannette, si tu voulais...

L'Esperou la regarda et répartit :

— Non !... non !... il n'est pas encore temps, nous verrons...

Le déjeuner était prêt, mais, à l'instant où l'on allait se mettre à table, on frappa à la porte : c'était une lettre qu'on apportait à l'Esperou ; elle portait le cachet de l'administration des douanes ; le brigadier la lut, une vive rougeur lui monta au visage.

— Pardieu ! s'écria-t-il, voilà bien les supérieurs ; on se tue à faire son service, et voilà les compliments qu'ils vous envoient !

— Qu'est-ce donc ? dit le curé.

— Le supérieur est toujours jaloux de l'inférieur, dit Crampon ; j'avais un sergent dans ce goût-là. Quand j'ai quitté le régiment, je lui en ai dit un mot dans les fausses côtes avec un bout de fleuret.

— Eh bien ! dit l'Esperou, on n'est pas mieux traité dans les douanes.

— On se plaint que l'avant-dernière nuit trois mules chargées de tabac ont passé la frontière, et que c'est par notre manque de surveillance. En même temps, on nous donne avis qu'il y a un convoi qui se tient prêt au village de C..., en Espagne, et qu'il tâchera de passer incessamment.

— Qu'est-ce qui le mènera ? dit Crampon.

— Probablement Gaspard.

— Bien, très-bien, de profundis, curé, ajouta le douanier en buvant un verre de vin. Et le Gaspard en sera-t-il ?

— Je ne sais pas, dit l'Esperou en baissant la tête, mais dépêchons-nous, nous avons des mesures à prendre, je vais vous accompagner un bout de chemin.

Le déjeuner se termina en silence ; dès qu'il fut fini, les deux douaniers prirent leurs armes et sortirent.

Jeannette, demeurée seule avec le curé, lui raconta la scène qui s'était passée le matin entre elle et Gaspard, et l'amour qu'elle avait encore dans le cœur éclata si vivement dans ce triste entretien que le vieillard levait sans cesse les yeux au ciel avec un triste regard de repentir pour ce qu'il avait fait.

Pendant ce temps, l'Esperou avait l'entretien suivant avec Crampon :

— Tu veux tuer le Sémélaïré ?

— Oui.

— Eh bien ! moi, je veux tuer Gaspard.

— C'est dit.

— Comme il nous est défendu de tirer sans nécessité, il serait dangereux de tenter l'affaire tout seul.

— Diable!

— Voici ce que je te propose de faire.

— Voyons.

— Nous nous posterons tous deux ensemble; si tu aperçois le Sémélairé, tire dessus, tue-le comme un chien, je jurerai devant Dieu qu'il t'a attaqué.

— Bien, très-bien, et si tu rencontres Gaspard, tu le tueras comme un moineau, et je jurerai devant les magistrats qu'il t'a attaqué.

— C'est convenu.

— C'est convenu.

— Maintenant, vas au bureau, dis qu'il nous faut quinze hommes pour cette nuit; je vais tâcher de découvrir la route par où ils doivent passer.

— Et comment la reconnaîtras-tu? est-ce qu'ils la marquent?

— Ils en marquent dix pour nous tromper; mais ils ont oublié que j'ai été des leurs. Gaspard n'est pas dans ce canton pour rien. Il a peut-être découvert un passage que je m'étais réservé autrefois. S'il en est ainsi, je te réponds de lui et du Sémélairé.

— J'en accepte l'augure, dit Crampon avec un dandinement élégant.

Ils se séparèrent.

Crampon alla vers le village de B..., et l'Esperou s'enfonça dans la montagne.

IV

Le soir de cette journée, un corps de douaniers gravit la montagne qui était située en face de la maison de l'Esperou; lorsqu'il eut atteint à peu près les deux tiers de la hauteur, Jean disposa ses hommes de manière à surveiller tous les sentiers qui conduisaient d'Espagne en France, et leur ordonna de ne quitter leur poste sous aucun prétexte, même quand ils entendraient le bruit d'un engagement.

Il donna pour raison à cet ordre qu'il arrivait souvent que les contrebandiers dirigeaient vers certains endroits une mule ou deux chargées de marchandises de peu de valeur, et que tandis qu'on les saisissait au milieu d'une résistance adroitement calculée pour attirer le concours de tous les surveillants, ils faisaient passer en d'autres points le véritable convoi de contrebande.

Après que l'Esperou eut pris ces dispositions, il continua avec Crampon à monter la route, et lorsqu'il eut atteint la sommité de la montagne, il se jeta rapidement à gauche, et à travers les broussailles et les houx, il descendit jusqu'à mi-côte d'une gorge profonde et pour ainsi dire ensevelie parmi les hauteurs qui la dominaient.

Au pied de cette gorge coulait un torrent dont les eaux étaient peu profondes; cependant, les rochers anfractueux qui servaient de lit à ce torrent ne permettaient pas de croire que personne osât s'y aventurer, et la montée de la colline était si rapide, que c'est à peine si Crampon pouvait se tenir debout, et que le plus souvent il glissait sur ses talons plutôt qu'il ne descendait.

La lune était levée et illuminait le paysage d'un éclat mort et immobile. Car, s'il faut le dire pour ceux qui n'ont pas vu la lune ailleurs que dans les poésies des faiseurs de vers, la lune n'a ni molle ni douce clarté, elle jette sur tous les objets une lumière droite et fixe; elle dessine les contours par une ligne sèche et durement arrêtée : ce n'est pas, comme lorsque le soleil est sur l'horizon, une clarté qui se brise en rebondissant, qui s'éparpille, pénètre partout et éclaire jusqu'à l'ombre, c'est une lumière qui tombe et qui dort à la place où elle est tombée.

Au moment où l'Esperou et Crampon arrivèrent à l'endroit où ils devaient s'arrêter, la lune n'était pas encore au sommet du ciel et ne plongeait pas jusque dans les profondeurs du ravin.

Le poste où se placèrent les deux douaniers n'était autre chose qu'une petite caverne creusée dans le flanc de la colline; une espèce d'esplanade de quelques pieds se trouvait en face et pouvait servir de lieu de repos.

Mais les yeux mal exercés de Crampon ne voyaient pas que de droite et de gauche glissait un chemin qui avait à peine un pied de largeur et qui était recouvert de mousse ; il ne comprenait pas qu'on pût arriver à l'endroit où il se trouvait, autrement qu'ils n'avaient fait eux-mêmes, c'est-à-dire en traversant les halliers et en s'aidant des genoux et des mains.

A peine furent-ils sur cette esplanade, que l'Esperou se jeta rapidement dans la caverne en faisant signe à Crampon de le suivre ; celui-ci, peu accoutumé à la majesté du spectacle qu'il avait sous les yeux, demeura un instant debout sur ce terrain, d'où l'on découvrait toute la vallée, ce ne fut que sur l'ordre pressant de l'Esperou qu'il se cacha à côté de lui.

— Maladroit, lui dit le brigadier, tu viens peut-être de nous faire manquer notre coup. Les contrebandiers rebrousseront chemin ou changeront de route, s'ils ont seulement aperçu le reflet de ton fusil ou le mouvement d'une ombre.

A cette heure, rien ne remue dans cette montagne, que des hommes, et si ces hommes ne sont pas des contrebandiers, ce sont des douaniers.

— C'est parfaitement juste, repartit Crampon; mais comme je n'ai rien vu remuer en face qui ressemble à un homme, je ne conçois pas ce qui aurait pu me voir remuer par ici.

— Ne vois-tu pas que nous sommes éclairés par la lune et que l'autre côté est encore dans l'obscurité.

Je te dis qu'ils doivent être déjà en marche: fais comme moi, et tu entendras sans doute le fer des mules résonner sur les cailloux.

Ils se couchèrent tous deux l'oreille contre terre, mais aucun bruit perceptible n'arriva jusqu'à eux, et l'Esperou ajouta en se levant :

— Ils sont plus avancés que nous ne pensions ; ils ont descendu la colline qui nous fait face ; ils ont passé le torrent, et probablement le convoi marche le long du petit sentier de sable qui borde son lit. C'est fort heureux pour nous ; car ils n'ont pu nous apercevoir d'en bas.

Du reste, il leur faudra une bonne demi-heure jusqu'au moment où ils arriveront à la montée qui conduit ici ; une heure encore pour arriver jusqu'à nous : ainsi enveloppe bien le bassinet de ton fusil, pour que l'humidité ne gagne pas la poudre, tire ton sabre ; car si ton coup de fusil n'est pas juste, tu n'aurais pas porté la main à la poignée que tu auras un coup de bâton sur la tête, et tu sais ce qu'il pèse.

— Bien, très-bien ! dit Crampon.

Et il se conforma aux instructions de l'Esperou et s'assit par terre, à côté de lui.

— Mais, dis-moi, reprit-il, comment diable es-tu si sûr qu'ils passeront par ici ?

— C'est parce que j'ai reconnu les signaux convenus ; une branche cassée d'un côté, deux petits brins de bois posés en croix à un autre, une pierre arrachée à la mousse qui la recouvrait, et qui montre qu'une main d'homme a passé par là, mille autres indices, devant lesquels tu passerais cent fois sans les apercevoir, m'ont appris la marche qu'ils suivront pas à pas et sans s'en écarter un instant.

— Mais c'est sans doute celui qui a reconnu le chemin, dit Crampon, qui sert de guide au convoi, et qui, par conséquent, leur enseigne par où il doit passer. Alors il n'est pas nécessaire de marquer la route.

— Cela arrive le plus souvent, mais un contrebandier peut manquer à chaque instant à l'appel, et s'il est absent, la contrebande n'en doit pas souffrir ; un autre le remplace et suit le chemin qui a été indiqué, comme s'il l'avait lui-même visité, tant ils ont l'habitude de leurs signes de reconnaissance.

Comme ils parlaient ainsi, l'Esperou se pencha vivement vers la terre, et dit aussitôt à Crampon :

— Les voilà qui s'engagent dans la montée, encore dix minutes et ils sont perdus.

— Ne m'avais-tu pas dit qu'il leur fallait près d'une heure pour monter jusqu'ici ?

— Sans doute, mais une fois engagés dans le sentier qui longe la colline, il faut que le convoi passe devant nous, ou qu'il tombe dans le torrent, car il n'y a pas moyen de faire retourner une mule, et, à moins que le diable ne la prenne entre ses griffes et ne l'enlève de terre pour lui mettre la tête où elle avait la queue, il faut qu'elle marche en avant ou qu'elle reste en place. C'est pour cela que je me suis emparé de cet endroit, le seul où ils pouvaient faire leur évolution.

Crampon se pencha à son tour vers le sol ; et, quoique son oreille fût moins exercée que celle de l'Esperou, il reconnut bientôt le piétinement sourd des mules sur la terre, malgré la mousse qui la recouvrait.

— Bien, très-bien, dit il; voilà la lune dans tout son éclat; et, quoique j'aimasse mieux avoir à tirer un coup de fusil en plein jour, je promets de reconnaître mon homme, bien qu'il ne m'ait pas laissé trop de temps pour considérer sa figure à mon aise:

L'Esperou répondit, en baissant encore plus la voix.

— Est-ce que tu t'imagines qu'ils vont te montrer leur figure ou te faire entendre leurs voix? Tu vas avoir devant les yeux, tout-à-l'heure, des figures noires comme celle du diable, et si tu entends quelque chose, ce ne sera que le bruit des coups que tu recevras ou que tu donneras.

Mais il est temps de nous taire; seulement écoute bien ceci: si c'est le Sémélaïré qui paraît le premier, je poserai en terre la crosse de mon fusil, et tu pourras l'expédier à ton aise; si c'est Gaspard, je mettrai mon fusil à l'épaule et tu me laisseras faire.

Crampon baissa la tête en signe d'assentiment, et tous deux restèrent immobiles et dans un silence complet.

V

Comme l'avait prévu l'Esperou, il se passa près d'une heure avant que le convoi n'arrivât assez près d'eux pour qu'ils pussent se montrer.

L'Esperou, attentif au bruit de sa marche, contenait l'impatience de Crampon, en lui disant, avec une justesse remarquable, la distance exacte où il se trouvait.

Enfin, lorsqu'il ne fut plus guère qu'à vingt-cinq pas de la caverne, l'Esperou arma son fusil et fit signe à Crampon d'en faire autant; il plaça son sabre nu à sa ceinture, et tous deux sortirent au même instant et se placèrent sur l'esplanade.

Au cri de qui vive! qu'ils prononcèrent, le convoi s'arrêta subitement; les deux hommes qui se trouvaient en tête se parlèrent rapidement et à voix basse.

C'étaient Gaspard et le Sémélaïré.

Il s'agissait pour eux d'une forte somme à gagner, ou de perdre ce qu'ils possédaient, car ils s'étaient engagés à faire passer le convoi pour une prime de dix-huit pour cent; une fois cette prime payée, ils devenaient responsables de la valeur des marchandises.

Comme l'Esperou l'avait prévu, il n'y avait aucun moyen de faire reculer le convoi; il fallait donc qu'il passât de vive force, et c'était leur vie que les contrebandiers jouaient contre leur fortune; ou bien qu'il fût saisi ou précipité dans le torrent, et c'étaient leur ruine qu'il fallait laisser s'accomplir.

La discussion ne fut pas longue, car le parti était pris sans doute d'avance.

A l'instant les deux hommes disparurent, l'un à droite et l'autre à gauche de la route; Gaspard en se laissant glisser sur la pente qui descendait, comme s'il s'était enfoncé en terre, le Sémélaïré en se jetant du côté de la montée, et se dérobant sous les broussailles.

L'Esperou tint son fusil tout prêt en se tournant du côté de Gaspard, et il montra la montée à Crampon, pour lui apprendre que son ennemi venait de ce côté; ils suivirent tous deux attentivement le mouvement des broussailles, elles demeuraient immobiles du côté de l'Esperou, tandis qu'elles s'agitaient vivement du côté de Crampon.

Celui-ci, l'œil fixé sur les branches qui remuaient devant lui, les suivait du bout de son fusil, prêt à tirer dès qu'il apercevrait quelque chose.

En effet, l'agitation des broussailles indiquait la marche rapide du Sémélaïré, et Crampon voyant les branches du bord du sentier s'agiter comme si le contrebandier allait en sortir, Crampon assura son fusil à l'épaule, le coucha en joue vers cet endroit, et apercevant aussitôt un corps qui ressemblait à une tête d'homme, il tira après avoir bien visé, le corps sur lequel il avait dirigé son coup de fusil disparut.

L'Esperou lui dit:

— Trop tôt!...

Et le Sémélaïré se montra debout, un bâton à la main.

En effet, le contrebandier, arrivé à sept ou pieds du sentier, avait poussé son bâton dans les broussailles pour les agiter comme s'il eût continué d'y ramper. Sa ruse avait réussi.

Crampon, en apercevant la petite cruche de terre que le Sémélaïré avait attachée au bout, s'imagina casser la tête à son ennemi qui était éloigné de toute la longueur de son bras et de son bâton de six pieds.

Crampon fut vivement surpris; mais c'était un homme de résolution et de sang-froid ; il jeta son fusil, saisit son sabre, et s'avança vers le Sémélaïré; c'est ce qui le perdit.

Dans cet étroit sentier, il se plaça entre lui et l'Esperou et rendit ainsi impossible le secours que celui-ci aurait pu porter.

Alors commença, entre le douanier et le contrebandier, un combat resserré sur une ligne de quelques pieds de long et un pied à peine de large.

Si d'une part le douanier avait quelque désavantage à cause du peu de longueur de son sabre, le contrebandier avait un désavantage égal à cause de la longueur de son bâton; car si le premier pouvait être atteint par le second sans pouvoir le toucher, d'un autre côté, le Sémélaïré ne pouvait pas faire tournoyer son arme aisément sur le revers de cette colline qui montait presqu'à pic à côté de lui.

Cependant la lutte commença; Crampon para avec assez d'adresse les premiers coups de bâton qui lui furent portés, en les faisant glisser sur son sabre.

L'Esperou, la main sur la détente de son fusil, promenait un regard rapide de l'endroit où il avait vu disparaître Gaspard à celui où le combat avait lieu.

Crampon avançait pied à pied; il avait acculé le contrebandier contre la tête de la première mule du convoi; encore un pas, et il le tenait à portée de sa lame; et le bâton du Sémélaïré lui devenait à peu près inutile, lorsqu'un coup de cette arme terrible, tombant sur le poignet du douanier, lui fit lâcher son sabre; et il commençait à peine à se baisser pour le ramasser. qu'un nouveau coup, asséné sur la tête, le fit tomber à genoux.

Ce mouvement découvrit le Sémélaïré, à qui son ennemi servait pour ainsi dire de bouclier.

L'Esperou dirigea son fusil contre lui pour sauver son camarade près d'être achevé par un dernier coup de bâton; le fusil partit, et la balle entra dans la poitrine du contrebandier qui tomba, mais qui, dans sa chute, s'accrochant à Crampon, l'entraîna avec lui.

Tous deux roulèrent dans le torrent, où ils disparurent ensemble.

Quelque rapide qu'eût été le mouvement de l'Esperou, il n'avait pas eu le temps de jeter son fusil loin de lui, et saisir son sabre à sa ceinture, qu'un coup de bâton, lancé par Gaspard, qui s'était glissé jusqu'à lui comme un serpent, l'atteignit au-dessus du genou, et le fit tomber à son tour; sa cuisse était cassée, et le douanier resta étendu sur le bord extrême de l'Esplanade, sans pouvoir remuer.

Le chemin était libre pour laisser passer le convoi.

Il passa, en effet, devant le blessé; hommes et bêtes défilèrent en silence, tandis que Gaspard, debout à côté de l'Esperou, le surveillait d'un regard attentif. Le moindre mouvement, le moindre cri du douanier, et le bâton de son rival lui brisait le crâne, ou son pied le précipitait dans l'abîme.

L'Esperou le savait : il ne bougea pas et il se tut, car il avait en lui une de ces haines profondes, qui, au lieu de s'irriter contre l'impuissance du moment, au point de rejeter leur vie, attendent silencieusement pour pouvoir prendre plus tard leur revanche.

Quand le convoi fut entièrement passé, Gaspard, dont le visage était barbouillé de noir et dont on voyait seulement reluire, à la clarté de la lune, les yeux ardents, Gaspard resta un moment seul avec l'Esperou.

Probablement qu'il agita en lui-même s'il se déferait de cet homme qui lui avait enlevé tout son bonheur, et sans doute un sentiment de pitié, qui ne s'adressait pas à lui, le fit s'éloigner sans qu'il y eut une seule parole d'échangée entre eux.

Le lendemain, l'Esperou était dans son lit.

VI

Huit longs jours de souffrance s'étaient passés depuis ce malheureux moment.

La nuit était venue; une faiblesse pesante accablait l'Espe-rou, car le matin même il avait subi une terrible opération : on avait été forcé de lui couper la cuisse. Les enfants dor-maient dans leur berceau ; c'est le privilège de cet âge, d'é-teindre ses chagrins dans le repos, et dans l'enfance les larmes même donnent le sommeil.

Jeannette était au pied du lit de son mari ; M. Castel était à son chevet. Un silence profond régnait dans cette chambre. La jeune femme et le vieillard, qui veillaient, n'osaient pas même échanger un regard.

En ce moment un léger coup, frappé à la porte extérieure, vint les arracher à leur méditation.

M. Castel fit signe à Jeannette de descendre, car ce pouvait être une visite tardive du médecin. Jeannette descendit et alla ouvrir la porte.

Ce fut Gaspard qui se présenta.

La surprise de la femme de l'Espérou fut tellement grande, qu'elle ne put comprimer le cri de surprise que lui arracha l'apparition du contrebandier. Ce cri fit tressaillir M. Castel, et éveilla l'Espérou de son abattement.

A mesure que les autres sens s'éteignent chez un mou-rant, quand déjà ses yeux sont couverts d'un voile, et que ses mains glacées ne sentent plus, son oreille entend encore, et entend mieux qu'elle n'a jamais fait.

Aussi, malgré le soin que Jeannette prit de baisser la voix en parlant à Gaspard, qui lui répondit de même, l'Espérou ne perdit pas un mot des paroles qui furent prononcées dans la chambre inférieure.

— Vous ici, dit Jeannette, vous qui avez assassiné mon mari ! vous qui m'avez enlevé son affection, au point que, de-puis huit jours, il n'a pas une parole de tendresse ou de pitié pour moi, sortez, sortez.

— Je n'ai pas assassiné ton mari, dit Gaspard, et c'est par pitié pour toi que je ne l'ai pas achevé sur la montagne, et pourtant si j'avais su ce que tu vas devenir, je l'aurais fait, au risque de porter ma tête sur l'échafaud, pour ne pas te laisser un mari impotent qui ne pourra te nourrir.

Ecoute, Jeannette, j'ai appris la nouvelle loi qui va se promulguer, et qui condamne, toi et tes enfants, à la misère, si ton mari échappe à la mort, ou s'il ne meurt d'ici à quel-ques jours.

— Quoi qu'il arrive, répondit Jeannette, Dieu viendra à notre aide, si ce ne sont les hommes.

— Eh bien ! répondit Gaspard, il est parmi ces hommes un ami qui ne t'abandonnera pas ; cet ami, c'est moi.

Tiens, voilà l'or que j'ai amassé dans le métier à cause duquel tu m'as abandonné ; il te servira à nourrir les enfants de celui que tu m'as préféré.

En disant cela, Gaspard posa un sac sur un meuble et voulut sortir.

Jeannette se plaça entre lui et la porte, et lui dit avec une sainte indignation :

— Reprends cet or, ne vois-tu pas qu'il est tout taché du sang de mon mari.

— Je n'en ferai rien, dit Gaspard en se croisant les bras, j'attendrai que ton mari t'appelle pour sortir de cette cabane.

— Eh bien ! reprit Jeannette, je vais jeter cet or sur la route, et fasse Dieu qu'il ne brûle pas la main du passant qui le ramassera !

Gaspard arrêta Jeannette, et lui dit d'un ton de voix sup-pliant :

— Tu ne penses qu'à toi, malheureuse, tu oublies tes en-fants ; ne sais-tu pas que l'Espérou a tué le vieux Sémélaire, le plus honnête homme du pays? Déjà, toi et ton mari, vous étiez l'objet de la haine de tout le monde, maintenant vous n'avez plus secours ni pitié à attendre de personne. Que lui et toi, vous soyez assez forts pour supporter la faim et le froid, je n'en doute pas ; mais tes enfants, Jeannette, tes en-fants te demanderont du pain !

— Mes pauvres enfants ! murmura la jeune femme en ca-chant sa tête dans ses mains et en laissant échapper des san-glots qui retentirent jusqu'à l'oreille de l'Espérou.

Un moment de silence s'établit dans la chambre du rez-de-chaussée, et l'Espérou, qui avait écouté toutes les paroles d'un air sombre et d'une oreille avide, dit au vénérable curé :

— Est-il bien vrai que cette loi dise ce que vous m'avez annoncé hier, et dont Gaspard parle maintenant ?

— Sans doute, répondit le curé ; mais ce n'est qu'un pro-jet qui ne s'accomplira pas, je l'espère.

— Quoi qu'il arrive, répartit l'Espérou, j'en sais un qui sauvera ma femme et mes enfants de la misère ; descendez, M. le curé, allez le dire à Jeannette, et ne la laissez pas ba-lancer plus longtemps entre l'or de cet homme et la crainte qu'il lui a inspirée pour notre famille.

M. Castel quitta la chambre ; son aspect rendit tout son courage à la malheureuse mère.

Jeannette prit le sac d'or et le jeta dehors de la cabane.

— Sortez maintenant, dit-elle à Gaspard, voici le seul pro-tecteur à qui je demanderai appui, si Dieu m'enlève mon mari.

— Et tant que je vivrai, cet appui ne vous manquera pas, dit le curé ; et quoique je sois bien vieux, j'espère que Dieu me fera vivre assez longtemps pour que Jean puisse se gué-rir, reprendre ses forces, et réaliser le projet qui doit vous sauver tous de la misère.

Le curé avait à peine fini de parler, et Gaspard était à peine sorti, en disant à Jeannette :

— Prends garde, voilà celui qui a fait ton premier mal-heur !

Et déjà ce projet était accompli.

Quand après avoir fermé la porte de la maison, Jeannette et le curé remontèrent dans la chambre de l'Espérou, le sang ruisselait sur le plancher, le lit en était inondé ; tous deux se précipitèrent au moribond et arrachèrent sa couver-ture pour voir comment l'hémorragie avait pu si vite et si abondamment percer l'appareil posé sur la plaie ; mais l'ap-pareil n'y était plus, l'Espérou l'avait arraché.

Et quand le curé s'écria d'une voix désolée :

— Malheureux, qu'avez-vous fait?...

Le moribond répondit d'une voix éteinte :

— J'ai sauvé ma femme et mes enfants, car je serai mort dans le délai voulu par la loi.

Quelques minutes après, il expira.

FIN DU DOUANIER DES PYRÉNÉES

LÉON MASSAILLAN

I

Il y a longtemps que j'ai dit, et c'est une opinion à laquelle je tiens infiniment, il y a longtemps que j'ai dit que les écrivains n'ont jamais calomnié la nature ni la société, et qu'il n'est invention si inouïe qu'elle soit qui atteigne la réalité, qu'on veuille peindre des passions mauvaises ou des ridicules.

C'est pourquoi, en abordant cette histoire, j'ai abandonné le moi personnel. Il est inutile qu'un auteur se fasse le héros des choses qu'il a seulement observées, mais sous lesquelles il déclare pouvoir mettre des noms propres ou on doutait de sa véracité.

Le jeune homme auquel je rattache ce récit était un de ces êtres précieux à suivre dans leurs pensées, par la flexibilité dont la nature les a dotés. C'était un de ces hommes qui appartiennent aux circonstances, et qu'on peut juger d'une manière tout opposée, lorsqu'on les rencontre à trois mois d'intervalle. Leur moralité, leur allure, leurs opinions, dépendent de la moralité, de l'allure et des opinions des gens avec lesquels ils vivent. J'ai connu Léon Massaillan, naïf le matin, frondeur d'esprit à midi, hypocrite à huit heures du soir et libertin fieffé à minuit. Cela s'explique de cette manière. Le matin, il avait vu la jolie fille charmante qui l'aimait; à midi il était en lutte d'esprit avec les camarades de l'école de droit; le soir il jouait aux jeux innocents chez quelque vieille fort dévote; et à minuit il était entraîné au café ou ailleurs, par des camarades turbulents dont il avait la prétention d'égaler les hauts faits de tout genre.

Mais il ne faut pas croire que dans aucune de ces circonstances Léon jouât un rôle, c'est-à-dire qu'il se forçât à paraître ce qu'il n'était pas. Léon n'avait pas assez de puissance de volonté pour cela. C'était, dirons-nous pas un esprit réfléchi, mais un esprit *réfléchisseur* ou plutôt réflecteur, qui se colorait de tout ce qui passait devant lui, et en perdait l'empreinte dès que cela était passé.

Dans les rares moments où Léon n'était pas le miroir de la pensée d'un autre, il devenait d'une nullité à peu près complète. Non qu'il manquât d'esprit ou de savoir; mais il n'avait d'esprit qu'en vertu de celui des autres, et son savoir ne s'éveillait que quand il était appelé.

Cette disposition de son caractère était également celle de son cœur. Léon était bon avec les bons et méchant avec les méchants; en outre, par une conséquence assez naturelle de cette conformation, il était meilleur que les bons, plus mauvais que les méchants. On exagère en général tout ce qui ne nous appartient pas. Quand un parvenu se mêle d'être impertinent en raison de la naissance qui lui manque, il l'est plus que l'homme de race; quand un poltron se prend de courage, il devient enragé. Si l'on nous faisait observer en style rhétoricien que l'homme qui se laisse mener est toujours à la suite de celui qui l'entraîne, nous pourrions répondre que l'homme qui ne marche que par l'impulsion des autres est toujours en avant de celui qui le pousse.

Quoi qu'il en soit, Léon Massaillan était ainsi fait, et si ce récit lui arrive à Canton où il habite maintenant, je le crois devenu assez chinois pour ne pas le comprendre. Noyé qu'il est dans ses immenses absorptions de thé, couché dans quelque palanquin, occupé de sa moustache ou de quelque partie d'échecs, il est capable de se demander si ce n'est pas l'histoire d'un autre qu'on a voulu raconter. Léon Massaillan s'est fait chinois comme il se faisait jadis l'image de tout ce qui l'entourait.

Après cette courte exposition de son caractère, qu'on nous permette une courte exposition de notre sujet. Ceci n'est point une nouvelle ni un roman, c'est un récit de choses vraies, telles qu'elles se sont présentées à notre jeune homme: qu'on n'y cherche donc ni unité de plan ni unité d'action. Ce sont des souvenirs.

Il y a dans les mers du Sud une île où les sauvages portent la monnaie courante du pays, ce sont des coquilles, enfilées sur une corde de boyau. Ces coquilles sont, de treize en treize, retenues par un nœud. Quand le sauvage a fait un marché, il défait un des nœuds du chapelet de sa fortune et le défile dans la main du vendeur. Ne pourrions-nous pas dire que nous autres, hommes de lettres, nous avons dans notre trésor littéraire un chapelet de souvenirs avec lesquels nous payons le libraire qui se vend à nous? Eh bien! c'est un nœud de mon chapelet que je viens de défaire, et les souvenirs vont s'en dévider un à un; je désire et je demande qu'on trouve la monnaie bonne, d'autant plus que je ne la veux pas donner pour plus qu'elle ne vaut.

Léon Massaillan était né à Lusignan; il était orphelin et vivait à Poitiers sous la direction de madame Durosoir, sa tante. Nous avons dit sous la direction, attendu qu'entre madame Durosoir et son neveu c'était le mot consacré. Madame Durosoir était la femme du directeur des droits réunis. Madame Durosoir, outre le premier directeur légal, avait pour directeur moral et religieux, l'abbé Nivelin qui la dirigeait dans la voie céleste, et pour directeur encore plus particulier le directeur des contributions directes qui la menait secrètement dans le chemin de l'enfer. Elle vivait donc dans un air directorial qui l'avait tellement gagnée, que jamais elle ne disait: Je ne fais ou Je ne fais pas telle chose; mais: Je dirige ou Je ne dirige pas telle chose. Elle dirigeait sa maison, elle dirigeait ses filles, elle dirigeait ses promenades, elle dirigeait une partie du whist, elle dirigeait ses regards. Un jour qu'elle retrouva un ami qu'elle n'avait pas vu depuis longues années et qu'elle se laissa aller à l'embrasser, elle disait:

— J'ai éprouvé tant de plaisir à le voir que je lui ai dirigé les bras au cou.

Il est facile de comprendre que Léon devait rentrer dans ce système dirigeant. Du reste madame Durosoir était une charmante et bonne femme, et la seule plaisanterie que les étudiants de Poitiers se fussent permise sur son compte était de l'appeler le *directoire exécutif.*

A cette époque madame Durosoir avait trente-sept ans. Une position très remarquable l'avait obligée à faire constater cet âge que les femmes n'avouent qu'à quarante-huit ans comme un péché passé. Madame Durosoir s'était mariée à quinze ans, avait eu à seize une fille qui plus tard avait recueilli un assez bel héritage qu'un oncle lui avait légué. A sa majorité cette fille, mademoiselle Aurore Durosoir, avait attaqué monsieur son père en reddition de comptes, de façon que les vingt-un ans de la fille dûment constatés, toute la ville s'était empressée d'en attribuer quarante-cinq à la mère.

Si les demoiselles à marier savaient ce qu'ont d'embarrassant de grands enfants qui marchent plus tard à côté de vous.

comme des extraits de naissance, elles seraient moins pressées d'entrer en ménage. Une femme de quarante ans qui a un enfant au maillot sur les genoux est plus jeune qu'une femme de trente qui mène au bal une fille de quatorze ans. Ce fut donc un grand désespoir pour la directrice que le procès que son mari eut à subir. Non-seulement elle ne pouvait plus se rajeunir, mais elle voyait qu'on la vieillissait. La vérité se trouva lui être avantageuse, elle la fit constater. La plaidoirie de l'avocat de M. Durosoir ne porta point sur le fond du procès ; elle ne fut qu'une lecture souvent répétée de l'acte de naissance de madame Durosoir, elle devint même une sorte d'élégie sur cette rencontre d'une femme mariée à quinze ans, qui a un enfant à seize et qui se trouve appelée à trente-sept ans à répondre à cet enfant devant un tribunal. Le plaidoyer fut curieusement écouté : M. Durosoir perdit sa cause, mais les mauvaises langues qui avaient répandu que la directrice avait quarante-cinq ans, furent confondues et forcées de garder le silence.

Cette fille qui avait causé tant de chagrin à sa mère quitta Poitiers avec toute sa fortune, pour venir habiter Paris avec un beau jeune homme. Madame Durosoir n'eut donc plus auprès d'elle que sa seconde fille, Louise, enfant tout à fait bien venue, qui n'avait que quinze ans et à laquelle, en cas de nécessité, on eût pu n'en laisser que douze.

Cette Louise était une bien charmante créature, folle, rieuse, exaltée, volontaire ; et en même temps raisonnable ; mélancolique, timide et soumise. Mais contrairement au caractère de Léon, tout ce que cette jeune fille avait de bonnes ou de mauvaises qualités lui appartenait en propre. Chez Léon, les impressions venaient du dehors, chez Louise elles venaient du dedans. La réunion de ces deux natures sous le même toit était un hasard qui promettait des scènes singulières. Les circonstances ne s'y prêtèrent pas.

M. Durosoir était le mari de madame Durosoir, c'est, avec ce que nous avons dit plus haut, tout ce que nous avons pu découvrir d'intéressant sur ce fameux personnage. Il y avait encore dans la famille, outre le directeur des contributions directes et l'abbé Nivelin, un oncle président de chambre à la cour royale de Poitiers. Il s'appelait M. de Bravegens.

Il n'est personne dans cette ville qui ne se rappelle M. de Bravegens. Avec sa tête ailée et poudrée, ses bas de soie blancs, sa culotte courte, son habit en frac, ses manchettes, son jabot de malines, ses souliers à boucles et son petit claque en gros-de-naples noir qu'il portait toujours sous le bras. Jamais personne ne peut dire avoir vu M. de Bravegens avec son chapeau sur la tête. Dans la rue, quelque temps qu'il fît, il marchait le chef nu. M. de Bravegens avait près de quatre-vingts ans. C'était un ancien conseiller au parlement, et qui, à son âge, disait à la première femme un peu élégante qu'il rencontrait :

— J'ai été de la cour de Louis XV, de la cour de Louis XVI, je suis de la cour royale, permettez-moi d'être de la cour dont vous êtes la reine.

Et pendant ce compliment prononcé avec légèreté, il ouvrait une énorme tabatière d'or pleine de pastilles, et offrait aux dames, en jouant avec l'un des deux cordons de montre qui descendaient sur ses cuisses.

M. de Bravegens était le tuteur légal de Léon ; mais M. Durosoir dirigeait, comme vous savez : de façon qu'il en était des obligations de famille du président, comme de ses devoirs judiciaires, il siégeait, mais d'autres décidaient pour lui.

Léon Massaïlian sortit du collège et entra chez sa tante à l'époque du fameux procès, et quelques jours après le départ de mademoiselle Aurore, on lui donna la chambre qu'avait occupée la demoiselle. Il y fut installé le 15 septembre 1818, jour où il accomplissait ses dix-huit ans.

La maison de M. Durosoir était située sur la place d'Armes, et au coin de la rue qui, de cette place, conduit au jardin de Blossac. Blossac est assurément une des plus belles promenades de la province, non-seulement à cause de l'immensité du jardin, mais encore à cause de sa position. Il est assis sur le sommet d'une colline qui domine la vallée où coule le Clain. Cette vallée est resserrée entre deux hauteurs dont l'une est occupée par la ville, et l'autre par le champ du Drap-d'Or. Le Clain est un ruisseau profond qui dort ou se précipite au gré des mille digues qui le retiennent pour l'usage des moulins et des fabriques qui vivent de ses eaux. Ce ruisseau n'a pas sans doute toujours occupé ce lit ; car dans son cours il enveloppe plusieurs énormes pierres druidiques qu'on n'avait pas sans doute placées au milieu d'une rivière. Les mille accidents que forme le Clain dans cette vallée, aperçus du haut du jardin de Blossac, sont un des aspects les plus pittoresques de

notre France. Le pied de la ville est en outre, de ce côté, bordé de boulevards bordés de hauts peupliers, bordés d'un large ruisseau d'eau courante. Toute cette nature est fraîche, végétative, riche, heureuse.

Quand le hasard vous conduit dans ce jardin durant l'un des jours de la semaine et lorsqu'il est à peu près désert, on se sent malgré soi pris d'une heureuse rêverie en contemplant ce beau paysage. Il n'est pas rare d'y rencontrer les plus fous des étudiants de la ville accoudés sur le parapet qui clôt le jardin et descend à pic presqu'au fond de la vallée.

C'était ainsi du moins que le 16 septembre 1818 s'y trouvait Léonard Rechin, étudiant renommé par ses *frasques*. Qu'on me pardonne le mot, je le garantis français ; on le trouve dans Ménage. Léonard était le plus fort tireur d'épée et de pistolet de tous les étudiants. Il en était en même temps le plus parfait danseur ; car à cette époque la danse entrait pour quelque chose dans l'éducation d'un jeune homme. Tous ses camarades lui enviaient la perfection de ses pantalons collants, à laquelle servait bien un peu la perfection de ses formes. Léonard était en outre beau de visage, et une singulière distinction brillait en lui à travers ses manières de spadassin et son langage de café et de billard. Personne n'eût pu dire quelle raison l'avait appelé à Blossac, et quelle raison l'y retenait. Si on l'eût suivi depuis le moment où il était sorti du café Militaire, situé sur la place d'Armes ; qu'on l'eût vu traverser la place en jetant un regard de côté sur les fenêtres de madame Durosoir, puis continuer indifféremment son chemin vers Blossac, nul doute qu'un de ses camarades ne se fût imaginé que Léonard allait à quelque rendez-vous ; car s'imaginer que Léonard entrerait dans ce jardin à deux heures et se promènerait seul et pensif, et croire qu'à quatre heures il serait encore appuyé sur le parapet du jardin, les yeux errants sur la campagne, personne ne l'eût fait. C'est pourtant ainsi que Léon Massaïlan le rencontra. Celui-ci, dans l'ardeur de tout commencement d'étude, était allé à Blossac pour s'y promener avec son code à la main.

Après quelques tours studieusement faits, il arriva à l'endroit où était Léonard, et, s'approchant doucement de lui et lui frappant un grand coup sur l'épaule, il lui dit :

— Eh ! qu'est-ce que tu fais là ?

Léonard se retourna soudainement, l'œil en feu, et tout prêt à trouver une insulte dans la manière de l'aborder ; mais lorsqu'il reconnut Léon, sa physionomie s'apaisa soudainement, il tendit la main à Léon et lui répondit :

— Qu'y viens-tu faire toi-même ? — J'y viens étudier. — Et moi j'y viens rêver ! — Rêver ! tu es donc triste ? — Oui. — Est-ce que tu te bats demain ? — Je ne suis point triste quand je me bats. — Qu'as-tu donc ?

Léonard hésita sur ce qu'il devait répondre, puis après un moment de réflexion, il dit à Léon :

— Je te raconterai cela un jour, en attendant viens dîner avec moi, nous faisons un pique-nique aux Trois Piliers, veux-tu en être ? — Je ne puis pas, on m'attend chez ma tante. — Fais dire que tu ne rentreras pas. — Je n'ose pas trop, parce que je ne suis pas bien sûr... — Ah çà, est-ce que tu es un enfant au maillot ? — Par exemple ! — Mais ça me fait un vrai effet-là. — Par Dieu ! je puis bien dîner où je veux. — Mais tu n'oses pas. — Allons donc ! je n'ai pas accepté tout de suite, parce que... il y a des égards. — Fais prévenir, cela suffira. — C'est inutile, on ne passera bien pas de moi.

Cette manière d'accepter de Léon était tout à fait dans son caractère. Accepter un dîner de camarades était une chose fort simple ; mais avertir eût été prendre acte de sa liberté, et Léon n'osait pas. Il fit donc une grossièreté à sa famille, par crainte de l'autorité même à laquelle il voulait se soustraire.

Après quelques tours de promenade, ils se dirigèrent vers l'auberge des Trois-Piliers, située qu'à quelques pas de la place d'Armes, dans la rue où était située la maison de madame Durosoir. L'auberge des Trois-Piliers, devenue l'hôtel des Trois-Piliers, avait, à l'époque dont nous parlons, quelque chose de fort remarquable. Elle était construite près de l'enceinte d'un ancien amphithéâtre romain ; le fond de la cour était occupé par une voûte construite en larges pierres en champ, haute de vingt pieds environ, longue de quarante, large de quinze. C'était la caverne où l'on retenait les bêtes féroces qui devaient combattre dans le cirque ; cette cage de pierre ouvrait par une porte basse sur l'enceinte du cirque, alors transformé en potager, et servait de grenier à foin.

La dernière fois que je visitai Poitiers, c'était en 1832, je demandai à un garçon de l'hôtel de me donner la clef de la caverne et du cirque ; il n'y avait plus ni caverne ni cirque, on avait construit de jolies petites maisons en plâtre à la place de la construction romaine. Ce qui me frappa singulièrement, c'est que le garçon de l'hôtel parut fort surpris de la demande que je lui fis. Aucun de ceux que j'interrogeai n'avait jamais entendu parler de ce que je voulais voir. Je me trouvai tout vieilli de cette ignorance, j'en étais déjà à avoir des souvenirs d'une ville, que la ville avait oubliés.

Toutefois, à l'époque que je raconte, ces débris regrettables existaient encore, et ce fut dans cette auberge qu'eut lieu le dîner où se trouvait admis Léon Massaillan. On ne se figure pas facilement à Paris ce que c'est qu'un dîner d'étudiants dans une ville de province; on ignore surtout le luxe de dégât qui rendait un pareil festin célèbre. On se demande aujourd'hui, lorsqu'il s'agit d'un beau dîner, ce qui a été servi de mets extraordinaires et de vins d'un tel prix qu'ils pourraient s'appeler justement de l'or potable; mais on s'enquiert du nombre d'assiettes de bijoux qui ont été servies au dessert; car un dessert sans assiettes de bijoux est réputé mesquin par les grands faiseurs d'élégance.

A Poitiers, en 1818 et parmi les étudiants, on se demandait ce qu'il y avait eu de brisé. C'était une mode créée sous l'Empire et qui a existé encore durant les premières années de la Restauration.

Léon Massaillan et Léonard arrivèrent les derniers, le piquenique avait été commandé pour douze personnes; Léon fit le treizième. Malgré la forfanterie et l'irréligion de tous ces jeunes gens, ce nombre les troubla : on regarda Léon de mauvais œil et comme un être qui apportait le malheur avec lui.

Un des plus déterminés de la troupe s'écria :
— *Je ne dîne pas treize !* Ni moi ! — Ni moi ! répétat-on de tous côtés.

Léon Massaillan, assez embarrassé, allait se retirer, lorsque Léonard proposa un expédient fort ingénieux, il répondit :
— Il y a un moyen de conjurer le proverbe qui menace de mort l'un des treize convives, c'est de décider qu'un de nous se battra demain ou ce soir. — Pardieu ! c'est dit, s'écrièrent tous les étudiants. — Sera-ce entre nous ? demanda l'un d'eux. — Non point; car nous serions deux à nous battre, et ce ne serait plus l'affaire du treizième. — C'est juste, dirent toutes ces jeunes voix. Alors ce sera avec un officier de la garnison. — Oui, répliqua Léonard, comme de coutume, nous irons au café faire une poule, à treize, et... — Ce sera au premier mort, dit Léon. — Non, reprit Léonard, ce serait d'un mauvais présage, ce sera le gagnant qui se battra. — Convenu !!!

Et l'on se mit à table avec autant de gaîté et d'insouciance que si, le dîner fini, un de ces jeunes gens ne devait pas s'exposer à la mort. Au moment où l'on allait servir le potage, Léon se levant, et d'une voix doctorale, adressa ces paroles à l'assemblée :
— Messieurs, je me sens inspiré d'une idée tout à fait sublime ! Nous allons manger et boire sur les ruines de la puissance romaine, il est bon d'imiter ce peuple dans ce qu'il avait de grand : rien n'était plus magnifique que les jeux de gladiateurs, qu'il faisait exécuter sur les tombes des morts ; rien n'était plus somptueux que les festins qu'il donnait après leurs funérailles. Ceci est probablement aussi un festin funèbre ; seulement nous le donnons avant la mort ; voilà tout : il faut donc qu'il soit magnifique, nous le devons à celui qui va mourir, *morituro*, nous le devons aux grandes ruines qui nous entourent.
— Bravo! un festin magnifique, répéta-t-on avec transport.
— Qu'on ouvre les fenêtres ! s'écria Léonard.

Les fenêtres furent ouvertes, et dès que le potage fut pris, les assiettes volèrent par la fenêtre, et allèrent se briser sur le pavé de la cour. Il en fut ainsi durant tout le dîner. Dès qu'un des convives avait fini d'un mets, son assiette filait vers la fenêtre; dès qu'une bouteille était vide, elle prenait le même chemin; cela se faisait avec un sang froid et une adresse admirables. On reconnaissait des mains exercées à ce jeu. Durant le premier service, il y eut de la régularité dans le désordre. Au second, les carafes furent supprimées par le même moyen. Mais il arriva que l'on vint présenter sur la table un rôti brûlé. Ce fut alors un cri général d'indignation :
— Amenez le cuisinier ! — Qu'on apporte le cuisinier ! — Ici le cuisinier !

Le cuisinier ne venait pas.

Léonard se leva, et dit à l'un des garçons de service :
— Faut-il que j'aille le chercher, le cuisinier ?

Cette menace produisit son effet. On amena le cuisinier tout pâle, et son bonnet de coton à la main : il fut accueilli par d'horribles clameurs.

— Approche ici. dit Léonard, est-ce que tu nous prends pour des officiers, de nous servir des rôtis de cette façon ?

Le malheureux balbutia. Léonard le regarda de travers.
— Si j'étais juste, je te condamnerais à manger le détestable dîner que tu nous as servi ; mais comme c'est la première fois, la correction sera paternelle. Tends ton bonnet de coton.

Le cuisinier obéit, et Léonard versa dans le bonnet une énorme crème au chocolat et reprit :
— Allons, coiffe-moi ça sans en répandre une goutte.

Il fallut encore obéir, et le malheureux chef se mit la tête dans son bonnet et se releva coiffé de la crème qui s'épandit sur son visage et sur sa veste blanche. Cela fait, on le chassa au milieu des huées et des éclats de rire.

Le dîner continua parmi les bris des plats, des assiettes, des verres, des bouteilles, au milieu des cris excités par les vins de toute sorte. Le dessert qui succéda au second service fut terminé par une salade. La salade consistait à relever sur la table les quatre coins de la nappe et à englober d'un coup tout ce qui s'y trouvait servi. Quand on en fut là les garçons de service disparurent, ils comprirent que le dîner serait trop magnifique. En effet, lorsque tout ce qui constituait le dessert fut ainsi enveloppé sur la table, les étudiants montèrent dessus, et au risque de se blesser les pieds aux éclats de porcelaine et aux tessons de bouteille, ils y dansèrent jusqu'à ce que tout fût moulu, écrasé, aplati; puis la nappe et les débris furent jetés par les fenêtres, puis la table, puis les chaises, puis tous les meubles, et quand il n'y eut plus rien à jeter, les frénétiques buveurs ne trouvèrent rien de mieux que de s'y jeter eux-mêmes, et tous les treize, Léonard et Léon en tête, sautèrent du premier dans la cour.

Il y a, dit-on, un Dieu pour les jeunes gens, il y en a un pour les ivrognes. Les étudiants avaient donc deux Dieux pour eux; ce fut sans doute ce qui les préserva de se blesser, le peu de hauteur de l'étage y contribua sans doute aussi, et ils sortirent radieux de l'auberge, après le plus mémorable dîner qu'eût été donné depuis longtemps.

Ils firent une irruption violente au café Militaire, où se réunissaient les étudiants et les officiers, lorsqu'il n'y avait pas de discussions entre l'école et la garnison. Léonard se chargea de porter la parole pour demander, en manière d'ordre, la permission de jouer une seule poule entre les treize dîneurs. On crut d'abord qu'il s'agissait de savoir qui paierait le dîner consommé ou le punch qu'on avait demandé, et personne ne parut disposé à céder à l'exigence des nouveaux venus; mais lorsqu'il fut dit qu'il s'agissait de décider à qui se battrait en duel, on céda le billard avec empressement : un duel est chose trop respectable.

Il se trouvait fort peu de militaires dans le café. Ce jour-là précisément il y avait une réunion très brillante chez le général commandant le département, et le petit nombre d'officiers qui étaient au café était composé de vieux grognards qui ne s'étaient pas souciés de remplacer le pantalon par la culotte courte, et la botte par le bas de soie; plus de quelques chenapans, de ceux qui dans les régiments se faisaient appeler encore à cette époque du nom de *crâne* ou *bourreau des crânes*. Ce pendant les vieux grognards ne quittèrent pas le café, les chenapans s'entre-regardèrent, et un ou deux jeunes souslieutenants qui étaient venus prendre leur demi-tasse avant d'aller chez le général, restèrent aussi. Ils avaient tous devine à peu près ce qui allait arriver; et pour l'honneur du corps ils attendirent que la querelle fût vidée. Dans nos écoles et parmi nos garnisons de Paris on ignore cette singulière solidarité qui engage tout un régiment et toute une population de jeunes gens dans le duel de deux hommes; on ne peut non plus s'imaginer à quel point cette habitude de décider toutes les questions l'épée à la main y fait du duel une chose légère. C'est dans ces villes qu'il est vrai de dire qu'on va se battre comme on va déjeuner. C'est une endémie qui gagne toutes les têtes; et tel qui, perdu au milieu de la foule parisienne où il est inconnu, hésiterait peut-être à demander raison d'une insulte grave, deviendrait bientôt, dans cette atmosphère, un duelliste tout prêt à se battre pour un regard de côté.

Cependant la poule était commencée. Jamais on ne joua avec plus d'attention et de soin pour gagner une riche somme d'argent, que ne jouaient ces treize jeunes gens pour savoir lequel d'eux se battrait. Peu à peu la poule diminua et se réduisit à deux joueurs. C'étaient Léon et Léonard. La galerie debout et attentive suivait chaque coup avec anxiété. Ces billes qui, en roulant, emmenaient avec elle le destin d'un homme, étaient accompagnées de regards haletants; les officiers s'étaient approchés et mis en vue; et il y avait pour eux aussi quelque intérêt à savoir s'ils auraient affaire à un étudiant de première année, sans doute inexpérimenté, ou au plus adroit et au plus terrible duelliste de l'École.

La chance fut contre eux : Léon Massaillan perdit. Ce fut un singulier mouvement que celui qui suivit la disparition de la bille dans la blouse, quelques visages pâlirent, mais on se tint immobile. Léonard regarda lentement autour de lui, et ce regard passa deux ou trois fois sur le cercle qui l'entourait, comme s'il n'eût rencontré personne digne de lui. Enfin, il fixa son regard dans un coin de la salle, où se tenait nonchalamment une espèce de sous-lieutenant qui avait été tambour-major et maître d'armes, et qui se vantait d'avoir tué trente péquins. Léonard marcha droit à lui, et le saluant avec une politesse dont toute la salle frémit, il lui dit doucement :

— Monsieur, je suis désolé de l'extrémité où je me vois réduit; mais il y va de mon honneur, et vous allez me permettre de faire en sorte qu'il y aille du vôtre.

Et sans autre préliminaire, il appliqua un large soufflet sur le visage de l'officier.

Celui-ci, qui ne s'attendait pas à cette manière décisive d'être provoqué, se leva furieux, et si Léonard, leste et souple comme un chat, n'avait sauté d'un bond sur le billard, probablement le sous-lieutenant ancien tambour-major l'eût étranglé sur le coup. L'officier était prêt à suivre Léonard sur son billard, lorsque ses propres camarades l'arrêtèrent eux-mêmes en lui disant :

— Allons, pas d'enfantillage de coups de poing. C'est un combat à mort. — Oui! oui! dirent les étudiants. — Où vous trouvera-t-on demain? dit un des officiers parlant à Léonard. — Où vous voudrez. — Pas demain! s'écria l'officier, tout de suite. — Tout de suite! répliqua Léonard. — Je ne dormirai pas avec un soufflet sur la joue. — Et moi j'ai besoin de me dégourdir la main, car je me suis fait mal sur la joue de monsieur. — Où voulez-vous vous battre à l'heure qu'il est? reprit-on de tous côtés. — Dans le jardin du café! s'écria l'officier, l'épée d'une main et un quinquet de l'autre. — Bah! dit Léonard, je suis fatigué; je conçois votre manière; mon crâne, vous me ferez faire le tour du jardin, en rompant semelle à semelle; et puis, les quinquets peuvent s'éteindre... Mais si ça vous va, ici, sur le billard, nous serons bien éclairés et il n'y aura pas moyen de reculer. — Comme tu voudras, dit l'officier.

On ferma les portes du café, on retint les garçons et le maître qui voulaient aller chercher la force publique, et l'on apporta deux épées. Les deux adversaires se tirèrent au sort et se dépouillèrent de leurs habits et de leur gilet; ils ouvrirent leur chemise pour montrer qu'ils étaient nus en dessous, et chacun saisit son épée. L'officier s'entoura la main d'un mouchoir dont il laissa pendre les bouts. Léonard négligea cette précaution destinée à tromper l'œil de l'adversaire par le mouvement perpétuel de ces deux pointes blanches qui papillotent au regard et le détournent de l'épée. Mais Léonard avait une façon de se battre qui ne s'inquiétait point de ces petits procédés. Jamais il ne regardait le fer; et c'est l'œil fixé sur l'œil de son ennemi qu'il y lisait pour ainsi dire d'avance tous ses mouvements.

Les deux lutteurs montèrent ensemble sur le billard et selon les conventions faites entre les étudiants et les officiers, ils tinrent le bout de leur épée sur la pointe de leur botte. Un commis voyageur inconnu et qui n'avait d'autre intérêt à cette scène qu'une curiosité effrayée, fut chargé de frapper trois coups dans sa main, et au troisième coup les fers se croisèrent et les combattants se mirent en garde. Un silence terrible se répandit dans la salle, et pendant quelques secondes il ne fut pas même troublé par le choc des épées; car les deux combattants se regardaient au cœur, bien convaincus qu'en cette lutte toute faute était la mort. Un pas en arrière, un rapide retraite de corps, un saut de côté n'eût pu sauver celui qui se serait malheureusement engagé.

L'officier était d'une taille colossale qui dominait Léonard et semblait prêt à l'écraser; mais Léonard semblait peu craindre cet avantage, car il s'était lentement baissé sous le fer de son ennemi et presque accroupi sur le billard. Cependant, aucun autre mouvement n'avait lieu. L'attente immobile sur tous les visages, frissonnait dans tous les cœurs. Tout à coup l'officier prenant l'attitude de Léonard pour un effet de la crainte, se fendit sur lui en lui portant une botte terrible; Léonard la para avec un sang-froid et une fermeté inébranlables, et il laissa l'officier se relever sans essayer la riposte. Celui-ci se laissa tromper à cette espèce de défense timide, il attaqua avec une fureur croissante et si acharnée qu'il quitta le bord du billard où son pied gauche était appuyé. Ce fut alors que Léonard lui portant rapidement son épée au visage,

l'officier voulut reprendre la position qu'il avait quittée; Léonard ne lui en donna pas le temps, et il chargea avec fureur son ennemi déconcerté qui n'évitait ses coups qu'en se tenant le corps penché en arrière. Il le poussa jusqu'au bord du billard où son pied heurta, et à ce moment il lui adressa au cœur un coup d'épée terrible. Le malheureux officier cria :

— Touché.

Puis il se dressa de toute sa hauteur et tomba en arrière du haut du billard par terre.

Ce fut un coup affreux que le bruit de ce corps sur le parquet de la salle, il s'y mêla un sentiment inouï, ce fut la crainte que cet homme mort ne se fût blessé en tombant. Jamais je n'ai vu, car je l'ai vu, cet épouvantable combat. Jamais je n'ai vu rien de plus terrible que le silence de ces deux hommes, que les éclairs de ces épées aux leurs des quinquets, et que la chute du niveau, qui, disparaissant tout d'un coup derrière le billard, sembla s'engloutir comme dans une tombe ouverte derrière lui.

Tout le monde était dégrisé et les étudiants se séparèrent. Léonard prit Léon sous le bras et le reconduisit chez lui. Là, la conversation de ces deux jeunes gens après ce qui venait de se passer est digne d'être écoutée, et mérite un chapitre à part.

II

Ce fut sur la place d'Armes qu'eut lieu l'entretien des deux étudiants. Ils s'y promenèrent assez longtemps pour que toutes les lumières qui brillaient s'éteignissent tout à fait. Léonard demeura quelque temps silencieux, Léon lui adressa la parole.

— Sais-tu que ce qui vient de se passer est épouvantable? — Bah! dit Léonard, ce grand cadavre d'officier me déplaisait à rencontrer tous les jours sur mon passage. J'en ai débarrassé le café, ce n'est pas là ce qui m'occupe. — Qu'as-tu donc? je l'ai trouvé tout triste à Blossac, et voilà maintenant que tu pousses des soupirs à fendre le cœur. — C'est que la vie que je mène me fatigue, c'est que je commence à comprendre que c'est un triste avantage que d'être un sujet de terreur pour toute une ville, c'est que j'en veux finir avec le café, les orgies et le duel. — Est-ce à cela que tu pensais quand je t'ai rencontré? — Oui, j'y pensais quand tu m'as rencontré. — Tu as singulièrement mis à exécution tes projets de réforme! — Que veux-tu; si Léonard avait une sorte de colère, c'est plus fort que moi; si je ne me sépare pas violemment de mes anciennes habitudes, elles m'entraîneront toujours. Je puis bien le plus remettre les pieds dans un café; mais une fois entré, je ne saurais répondre de ce que j'y ferai; il m'est trop facile de ne pas toucher une carte; mais si je me mets au jeu, j'y risquerai ma fortune. Je suis ainsi fait, je le comprends, je suis fait que qui vient de m'arriver m'en est une preuve accablante; je donnerais dix ans de ma vie pour que rien ne se fût passé de ce qui vient d'avoir lieu. — Au fait, dit Léon, ça ne te mettra pas mal dans l'esprit dans la ville, et les missionnaires qui sont arrivés depuis cinq jours sont bien capables de prendre texte de l'histoire de ce soir pour en faire un sermon. Je sais que ces messieurs ne se gênent pas. — Je te jure que s'ils l'osent, dit Léonard avec emportement, j'irai les souffleter dans leur chaire. — Des prêtres? par Dieu! voilà une drôle de façon de les corriger. — Tu as raison, qu'ils fassent comme ils voudront; mais laissons cela. Que vas-tu dire à ta tante Durosoir? — Ma foi, dit Léon, je ne lui dirai rien.

Ici, il se fit un silence. Léonard reprit un moment après :

— Tu devrais me présenter chez ta tante Durosoir. — Moi! s'écria Léon, et après ce qui s'est passé : mais ma tante m'a vingt fois défendu de te voir, en parle jamais de toi qu'en t'appelant un démon de damnation. — Bah! dit Léonard en riant, je ne savais pas si bien dans son esprit; un démon, mais c'est un excellente recommandation pour une dévote. — Ah çà! tu es fou. — Eh non! cela lui offre l'appât de la conversion, et il est très remarquable que les béguines mordent toujours à l'hameçon qu'elles tendent. — Quel diable de galimatias me fais-tu là?

Léonard ne répondit pas d'abord, puis il ajouta en baissant la voix :

— Sais-tu qu'elle est très bien, ta tante, malgré ses trente-sept ans : blanche et rose encore, des yeux qui mordent au cœur, des dents qui rient, un certain air de gaillardise tempérée par une paupière dévote et cille lèvre pincée, une femme fort désirable. — Est-ce que tu en es amoureux? — Qui sait? — Oh! la bonne folie, une femme mariée! — Heim! — Une dévote. — Qu'est-ce que ça fait? — Mais si je lui parlais de toi, elle me ferait taire au premier mot. Crois-tu qu'elle veuille te recevoir avec ta mauvaise réputation? Elle a peur de tous les jeunes gens à cause de ma cousine Louise.

A ce nom de Louise, Léonard tressaillit et dit d'un ton retenu à Léon :

— Louise t'a-t-elle jamais parlé de moi? — De toi? répliqua Léon d'un air étourdi, d'où diable veux-tu qu'elle te connaisse? à moins que ce ne soit par les anathèmes que lance quelquefois contre toi l'abbé Nivelin lorsqu'il dîne chez nous; et puis c'est une enfant qui ne pense qu'à son piano et à sa géographie, c'est tout au plus si elle m'a adressé dix fois la parole. — Tu es bien heureux! reprit Léonard d'un ton rêveur. — Qu'est-ce que tu dis? demanda Léon. — Je dis, je dis que ta tante Durosoir est une charmante femme et que je tiendrais à honneur d'être reçu chez elle. — Je ne me charge pas de t'en obtenir la permission, j'aurai assez à faire pour me tirer d'affaire moi-même. — Si ce n'est que cela, dit Léonard, je m'en charge. — Toi? — Moi. — Et comment? — Tu verras. Il est temps que tu rentres; car il est déjà trois heures du matin : je ne veux pas que tu passes la nuit hors de chez toi.

Ils se séparèrent, et Léon rentra chez sa tante. Une vieille servante avait été nommée de garde pour l'attendre. Depuis seize ans que madame Durosoir était accouchée de sa seconde fille, ladite servante n'avait pas veillé si tard. Aussi elle se donna toutes les joies de mauvaise humeur, et médita contre Léon une vengeance qui devait le guérir des rentrées attardées. Bien qu'elle tombât de sommeil et qu'elle pressât de toutes les malédictions l'heure où Léon lui permettrait d'aller se coucher, elle n'eut pas plus tôt entendu résonner le marteau de la porte extérieure, qu'elle trouva sa vengeance meilleure que le sommeil. D'abord elle commença par laisser frapper Léon pendant un quart d'heure; puis, quand le bruit menaça de devenir scandaleux, elle alla vers la porte; mais avant de l'ouvrir, elle fit subir un long interrogatoire à M. Léon, pour s'assurer que c'était lui qui frappait. Cela dura encore un bon quart d'heure; au bout duquel la porte fut ouverte avec ces mots :

— Excusez-moi, monsieur, c'est qu'il est plutôt l'heure des voleurs que celle des honnêtes gens.

Puis quand Léon entra dans la salle à manger pour y recevoir la chandelle qui devait l'éclairer, la vieille servante s'écria d'une voix désolée :

— Ah! mon Dieu, dans quel état vous voilà...

Léon se regarda : il n'avait rien d'extraordinaire en lui, ni sur lui. Sans doute il avait été un peu gris; mais le duel et les promenades avaient depuis longtemps fait disparaître cette teinte d'ivresse. Cependant la vieille Javotte n'en cria pas moins :

— Ah! mon Dieu, peut-on entrer dans une maison honnête dans un état comme ça! Quel état! quelle horreur! fi, M. Léon! Ah! votre honnête homme de père, que c'est que qu'il dirait s'il avait vécu pour vous voir ainsi? Ah! votre mère serait morte de chagrin si elle vous avait vu comme ça. — Est-ce que vous êtes folle? reprit Léon impatienté des jérémiades de la vieille. — Ah! monsieur, ne vous emportez pas... Tenez, voilà votre chandelle... J'ai une peur horrible des hommes soûls. — Comment, des hommes soûls! répliqua Léon véritablement fort en colère. — Ah! vous voulez me battre... dit la vieille en commençant à pleurer. Au secours!... au secours!... — Te tairas-tu? vieille coquine... — A l'assassin!... se mit à crier la vieille. A l'assassin!... — Te tairas-tu? reprit Léon furieux et en essayant d'étouffer sa voix; mais aussitôt elle se roula par terre en hurlant de plus belle, et bientôt M. Durosoir parut en chemise dans la salle à manger, et se précipita sur Léon avec un courage héroïque. Celui-ci, fort surpris de ce secours inattendu, se laissa terrasser. Madame Durosoir survint et accabla son neveu des plus effroyables reproches, et il fut conduit par le collet dans sa chambre à coucher, abasourdi, stupéfait et ne sachant si véritablement il n'était pas ivre et n'avait pas battu la vieille servante. Cependant il se coucha, et le sommeil l'emportant bientôt sur ses réflexions, il s'endormit sans s'apercevoir qu'on l'avait enfermé dans sa chambre comme un malfaiteur.

Le lendemain, quand il s'éveilla, il était déjà tard. L'oubli avait passé sur tous les événements de la veille, et Léon se leva en sifflant amoureusement la romance guerrière : T'en souviens-tu... Toutefois, il crut entendre chuchoter à la porte de sa chambre, et bientôt il entendit dans la maison des allées et des venues, des portes ouvertes et fermées, un mouvement extraordinaire. Peu à peu il se rappela les circonstances de sa rentrée et se prépara à subir une sévère mercuriale; mais il se résolut à l'interrompre si elle devenait par trop ennuyeuse, et à déclarer qu'ayant une fortune indépendante il voulait une vie indépendante.

Comme il était en train de faire ces réflexions, on ouvrit sa porte, et le domestique de la maison, une espèce de paysan à l'air insolent, vint avertir M. Léon qu'il était attendu dans le salon. Ce mot salon étonna Léon. Le salon était un lieu peu habité chez madame Durosoir; on n'enlevait jamais les housses de bazin blanc à raies qui couvraient le meuble d'Utrecht; et les réceptions ordinaires avaient lieu dans la chambre à coucher, afin de ne pas faire des feux inutiles : le salon voulait donc dire solennité extraordinaire. Léon le comprit, et sa résolution en fut ébranlée. Cependant il descendit, précédé par le domestique qui se retournait avec une singulière dignité; et traversa la salle à manger, où une femme étrangère desservait un déjeuner où Léon n'avait pas été appelé; et enfin il entra dans le salon. Le tribunal domestique était assemblé : madame Durosoir présidait; M. l'abbé Nivelin était à la droite; le procureur du roi à la gauche, M. de Bravegens et M. Durosoir faisaient aile de chaque côté; et dans un petit coin Louise, regardant en dessous d'un air curieux, achevait le tableau. Le domestique entra le premier, et annonça Léon en disant :

— Le voici.

Il se fit un sourd murmure dans l'assemblée; on se détourna du coupable que Louise examina du coin de l'œil. Léon essaya de saluer; mais tous ces visages raides sur leur chaise lui parurent si extraordinaires qu'il se prit à les regarder avec ébahissement. Enfin madame Durosoir prit la parole et coupa court à l'embarras de Léon.

— Vous devez penser, lui dit-elle, pourquoi vous êtes ici? — Ma foi, ma tante, je m'en doute bien un peu; mais je ne comprends pas ce que veut dire cette assemblée. — Veuillez l'expliquer à ce malheureux, dit madame Durosoir en s'adressant à M. Tupinard, procureur du roi, veuillez lui faire entendre la voix sévère de la justice, puisqu'il méconnaît celle de la tendresse. — Mais je ne méconnais rien du tout, reprit Léon. — Silence! cria M. Durosoir, à qui la charge d'huissier semblait dévolue sous la présidence de madame son épouse.

Léon resta stupéfait, et M. Tupinard se leva, cracha, tira son mouchoir, essuya le verre de ses lunettes, se moucha, et après avoir recommandé le silence à son auditoire, il commença en ces termes :

— Principiis obsta, il faut couper le mal dans ses racines. Tel est le précepte dont chacun, même le jeune coupable qui est devant vous, doit reconnaître la justesse et, j'ose le dire, la justice. Si ce précepte est vrai et demande à être mis en exécution en général; la nécessité de cette application devient d'autant plus instante que les principes du mal (principes que nous avons peut-être trop sévèrement traduits par le mot racines; car nous aimons à croire que le crime est loin d'être enraciné dans l'âme du jeune coupable); que ces principes, disons-nous, annoncent de prime abord une propension ardente au libertinage, aux désordres et aux actes les plus cruels.

Le procureur du roi toussa; Léon profita du moment et essaya de dire doucement :

— Pardon, mais il me semble que tout ceci... — Silence! cria M. Durosoir, averti par un regard de sa femme. — Accusé, vous n'avez pas la parole, dit M. le président de Bravegens en ouvrant ses yeux endormis.

Léon commença à regarder autour de lui d'un air d'humeur, et il allait peut-être s'emporter, lorsque le procureur du roi reprenant sa harangue, le força d'écouter malgré lui.

— Nous avons dit, reprit-il, que la propension au libertinage, au désordre et aux actes les plus cruels, s'était gravement dévoilée chez monsieur. — Diable! fit Léon. — Silence! cria M. Durosoir. — Nous le prouvons, reprit vivement le procureur du roi en levant ensemble la voix et le bras; nous le prouvons. Hier, au lieu de rentrer paisiblement à l'heure du dîner, comme le devait un jeune homme rangé, qu'avez-vous fait? vous êtes allé vous associer à une bande de mauvais garnements qui ont épouvanté la ville de leur scandale; vous êtes allé dans un lieu public pour y porter le désordre; vous avez été complice d'une provocation qui pourrait mettre la ville à feu et à sang, en irritant la garnison contre les habitants; vous n'avez pas prévu ces horribles résultats de votre mauvaise conduite, ou ce que vous n'avez pas prévu surtout, c'est qu'une fois jeté dans cette série de méfaits; vous vous laisserez entraîner à des actes qui font frémir l'humanité. — Comment! s'écria Léon. — Silence! tonna M. Durosoir. — Oui des actes inhumains : vous restez chez vos honorables parents; vous rentrez dans cet asile des saintes vertus; vous y rentrez dans un état d'ivresse épouvantable; une malheureuse vieille servante, une femme qui vous a vu naître, qui vous a bercé sur ses genoux, se laisse aller dans son aveugle tendresse à vous faire quelques maternelles représentations ! et vous la maltraitez ! — Moi !... — Vous la maltraitez. Elle est venue chez moi, magistrat, elle est venue se plaindre ; j'ai reçu sa déposition ; oui, malheureux jeune homme, elle demande justice ! Mais voyez jusqu'où va notre indulgence pour vous, elle fait taire la voix sacrée de ma charge ; je suis accouru prévenir votre malheureuse famille de l'horrible procès dont elle était menacée ; je voudrais et je veux encore essayer d'étouffer cette effroyable discussion ; mais la malheureuse qui gît mourante dans son lit de douleur, y consentira-t-elle ? Jusqu'à présent elle est demeurée inflexible, et ce ne sera peut être que par d'énormes sacrifices qu'on pourra acheter son silence. — Ah ! fit madame Durosoir touchée jusqu'aux larmes du plus magnifique plaidoyer, battre une femme, quelle horreur ! un homme, un jeune homme ! — Mais, ma tante, dit Léon. — Silence ! reprit M. Durosoir. — Silence, silence, c'est très facile à dire, mais il doit m'être permis de m'expliquer. — Oui, vous niez ce qui vient d'être dit contre vous, dit madame Durosoir avec colère. — Je ne nie pas, mais je voudrais montrer... — Mais nous avons la plainte du maître de l'auberge des Trois-Piliers ; nous avons celle du propriétaire du café Militaire ; celle de Javotte. En un jour trois plaintes, dont l'une peut vous mener en cour d'assises, et vous voulez vous expliquer ! — Puisque l'indulgence qu'on vous montre en voulant vous punir seulement en famille, vous trouve si ingrat, qu'il en soit comme vous voudrez, que justice soit faite. Monsieur le procureur du roi, cela ne regarde plus que vous.

Ceci fut dit avec une conviction indignée et profonde par madame Durosoir, qui, finissant son apostrophe, se leva pour quitter le salon. Elle en fut empêchée par l'abbé Nivelin qui lui dit avec un beau sourire :

— La justice humaine est inclémente, mais la justice divine est pleine de pardon, et c'est celle-là que vous devez écouter, vous dont la vertu a quelque chose de saint, vous qui ressemblez aux anges par le cœur et la beauté.

Madame Durosoir se rassit en faisant une charmante moue de modestie, et en baissant les yeux.

— Qu'il me soit permis, continua l'abbé Nivelin, de plaider la cause de ce jeune homme. Le vrai coupable n'est pas lui, c'est un autre qui est venu se confesser à moi, c'est un autre qui a entraîné M. Léon. Ce matin, lorsque le jour paraissait à peine, M. Léonard est venu dans mon oratoire, il avait l'air profondément affligé et ses yeux étaient pleins de larmes. Monsieur l'abbé, m'a-t-il dit, hier j'ai commis une grande faute, j'ai entraîné dans une orgie dangereuse un jeune homme qui ne m'a écouté que par une raison dont le secret ne m'appartient pas, mais qu'il est nécessaire cependant que je révèle à madame Durosoir pour l'honneur de sa vie et le repos de celle de son neveu. — A moi, reprit la dame avec une expression de pruderie aigre-douce ; quel rapport puis-je avoir avec ce monsieur ? — Je l'ignore, reprit l'abbé Nivelin, mes instances n'ont pu rien obtenir de lui à ce sujet ; mais il a beaucoup insisté pour avoir l'honneur de vous voir, ne fût-ce qu'un moment. Toute la justification de M. Massaillan est, dit-il, dans cette confidence. — Mais puis-je l'entendre ? demanda madame Durosoir. — Non-seulement vous le pouvez, mais vous le devez, reprit l'abbé Nivelin. — Sans doute, répliqua l'assemblée, il faut l'entendre. M. Durosoir appuya plus que personne, et il fut décidé que madame Durosoir recevrait M. Léonard.

Cependant il restait à fixer le sort de Léon. L'intervention de l'abbé Nivelin avait un peu ralenti les ardeurs jugeantes de madame Durosoir, et l'on allait remettre à une prochaine séance la décision de l'affaire, lorsque M. Tupinard demanda ce qu'il devait faire des plaintes qu'il avait reçues.

— Mais, dit madame Durosoir, il faut les étouffer pour l'honneur de la famille, et je ne vois pas d'autre moyen que de le faire avec de l'argent : celle de l'hôtelier se monte à cinq cent vingt francs, celle du café pour un tapis de billard complètement perdu, à cent quatre-vingts francs, ce qui fait sept cents francs, on n'obtiendra le silence de Javotte que par le sacrifice d'une somme d'argent qui ne sera pas moindre de cinq cents francs, ce qui fait un total de douze cents francs, juste la somme allouée à Léon par le conseil de famille pour ses plaisirs et sa toilette. Sa pension se trouvant ainsi dévorée en un jour, il faudra qu'il se passe de toilette et de plaisirs pendant toute cette année. — Un moment ! s'écria Léon, il me semble que je ne suis pas le seul débiteur des dégâts faits à l'auberge et au café ; et quant à cette vieille coquine de Javotte, elle n'est pas si mourante, puisqu'elle a pu aller ce matin chez le procureur du roi me dénoncer. — Silence ! s'écria M. Durosoir. — Vous raisonnez, je crois ? reprit majestueusement la directrice. — Pas si mal, dit le vieux président : il y a le principe d'un avocat là-dedans. — Mais, mon oncle, vous soutenez le vice ! s'écria violemment madame Durosoir. — je ne soutiens personne, dit le président, mais je rends justice au jeune homme, ce qui n'empêche pas que vous n'ayez parfaitement jugé l'affaire, sur quoi j'aspire à lever la séance.

Chacun quitta sa place, et Léon allait protester, quand sa petite cousine Louise, s'approchant de lui, lui dit tout bas :

— Taisez-vous, j'ai à vous parler.

Léon rentra chez lui, et se mit à réfléchir sur ce qui venait de se passer, sur l'intervention de l'abbé Nivelin au nom de Léonard ; il cherchait à s'expliquer par quel détour le mauvais sujet du café était parvenu à s'en faire un au faveur du vicaire dévot de Sainte-Radegonde ; Léon se perdait dans ses suppositions, lorsqu'il entendit un léger frôlement de robe et une respiration haletante s'arrêter à sa porte. Presque aussitôt la clef tourna dans la serrure, et Louise rentra. Louise n'était pour Léon qu'une cousine, presqu'une sœur ; c'est-à-dire que pour lui ce n'était pas une femme. Quelque jolie qu'elle fût, il ne l'avait jamais regardée, précisément parce qu'il la voyait tous les jours. Lorsqu'elle entra en poussant vivement la porte derrière elle, il y avait dans sa physionomie quelque chose de si malicieusement heureux que Léon en fut frappé. La vivacité avec laquelle elle jeta sa tête de côté, pour voir si on l'avait aperçue, donna à tout son corps un mouvement où se dessina merveilleusement la souplesse de sa jeune taille. Léon le remarqua, et s'avança vers Louise :

— Eh bien ! lui dit-il, qu'as-tu donc à m'apprendre, Louise ? — Écoute, Léon, tout ce qu'on a fait et dit en bas, n'est qu'une comédie. — Bas ! — S'il y a eu des plaintes faites contre toi, c'est maman qui les a demandées, j'étais là quand elle a ordonné à Pierre d'aller chercher les notes à l'auberge et au café, et c'est elle qui a envoyé Javotte chez le procureur du roi, en lui promettant une robe de mérinos. — Pardieu ! voilà qui est joli, et ma tante a trouvé là un bon expédient pour s'approprier ma pension. Je veux m'en expliquer avec elle, et je me révolterai contre la sentence, je t'en réponds. — Et tu feras bien, dit Louise, j'ai été indignée de ce qui s'est passé contre toi. Est-ce qu'un jeune homme doit vivre comme une demoiselle ; ah ! je voudrais être homme, j'en ferais bien d'autres. — Tu ne m'en veux donc pas, toi, et tu ne trouves pas que je mérite la corde ? — Moi, bien au contraire, je suis fâchée que ce ne soit pas toi qui aies tué ce grand officier... parce que c'est bien à un homme d'être brave. Moi, d'abord, si j'avais été homme, j'aurais voulu être de la garde impériale, ou bien garde du-corps : on dit qu'ils ont des duels tous les jours. — A la bonne heure, mais ma tante n'est pas dans ces opinions-là, et ma pension n'en est pas moins mangée. — Allons donc, tu ne penses qu'à ta pension ; tu emprunteras de l'argent. C'est comme ça quand on est jeune homme. Ah ! c'est moi qui en aurais fait lestement des dettes, si j'avais été homme. — Toi ! tu ne puis pas. Je suis une demoiselle, il faut que je sois tranquille ; mais si j'étais à ta place... — Que ferais-tu ? — Je leur apprendrais à me traiter comme ils ont fait. Est-ce que tu n'es pas indigné ? — Sans doute. — Te faire des contes d'enfants, à toi ! — Oui, à moi. — A un étudiant ! allons donc. Un peu plus ils t'auraient donné le fouet. — Ah ! c'est trop fort. — Mais tu restes là ; tu ne dis rien. — Tu verras. — A ta place je ne rentrerais pas pour dîner. — C'est dit. — A la bonne heure. Va, suis mes conseils, et l'on te respectera bientôt dans la maison. — Merci, Louise ; tu es mon amie, toi ; mais tous les autres, ce sont des bigots. — Oh ! la bonne figure qu'avait M. Tupinard, il ressemblait absolument à un hanneton en chaire. — Et ton père, avec son air d'appariteur d'école ! — Et mon oncle le président balançant sa tête sur ses ailes de pigeon ; il avait l'air d'un chérubin en retraite. — Et ta mère...

A ce moment on entendit ouvrir la porte du bas de l'escalier, et le pas encore leste de madame Durosoir monta les degrés.

— Ah ! mon Dieu, c'est maman, s'écria Louise ; si elle me trouve ici, elle se doutera de tout. — Cache-toi ! — Où ça ? — Derrière ces rideaux. — Oui.

La jeune fille se blottit dans les rideaux de percale du jeune homme, et presque aussitôt parut madame Durosoir. Elle était gracieusement embéguinée d'un bonnet de dentelles, et son corset vigoureusement lacé faisait ressortir cette ampleur de hanches et cette richesse de sein, beauté des femmes sur le regain qu'adorent les adolescents ; et son pied était mignonnement chaussé, sa robe légèrement courte laissait voir la naissance d'une jambe précieusement arrondie et sans cheville; des demi mitaines noires faisaient ressortir la blancheur d'une main potelée et richement parée de bagues; madame Durosoir était charmante. Léon avait remarqué la gracieuseté svelte de la fille, mais il fut frappé d'admiration pour la beauté de Léonard lui vinrent en mémoire, et il trouva à sa tante quelque chose qui ne l'avait pas encore frappé. Ce quelque chose fut un regard à paupières mi-closes que madame Durosoir laissa tomber sur son neveu, avec un petit balancement de tête charmant et une moue presque tendre.

— Ah! dit-elle après un moment de silence, Léon, Léon, vous m'avez fait beaucoup de chagrin, et ce n'est pas bien. — Mais, ma tante, dit Léon tout confus de ce ton de bonhomie, je ne voulais pas... — Comment! Léon, toi, un jeune homme bien élevé qui es fait pour tenir ta place dans la bonne compagnie, tu vas te mêler à des saletés indignes? — C'est qu'on vous a raconté des choses... — On m'en a dit plus que tu ne crois. Je sais tout. Et ce qu'il y a de plus affreux dans tout ceci, c'est que j'ai été forcée de tromper pour vous mon mari et M. de Bravegens votre tuteur; ils ne parlaient pas moins que de vous faire interdire. — Moi! — Oui, toi, Léon, et c'est pour cela que j'ai fait cette assemblée où j'ai trouvé moyen de paraître te supprimer ta pension. — Quoi! ma tante, c'était pour rire? — Ah! Léon, quel mot! Non pas pour rire, mais pour avoir le droit de te la rendre en cachette; car enfin tu ne penses pas que je veuille te traiter comme un enfant — Oh! que vous êtes bonne! — Ah! tout peut-être. — Oh! ma petite tante, que je vous aime! — Allons, Léon, est-ce que l'on parle comme ça? Je ne veux pas me fâcher, je ne suis même plus fâchée... mais il faut me promettre d'être raisonnable à l'avenir. — Mais je veux l'être toujours. — De ne plus aller dîner dehors. — Jamais. — Eh bien! descends aujourd'hui comme si rien n'était, j'aurai parlé à ton tuteur et à M. Durosoir; on ne t'en fera pas de reproches. — Ah! je m'en fais assez moi-même. — Je le crois, je te quitte, je ne veux pas que mon mari sache ma faiblesse pour toi. Ne descends qu'à l'heure du dîner. — Oui, ma tante, merci, merci!

Et madame Durosoir s'éloigna en se laissant baiser le bout des doigts qui frissonnaient sous la main de Léon.

Quand elle fut sortie et qu'il l'eut entendue rentrer chez elle, il alla vers Louise.

— Eh bien! lui dit-il tout joyeux, ma tante a été excellente, et..... — Vous n'avez pas de cœur, lui répliqua la jeune fille d'un air méprisant, et elle quitta la chambre sans autre explication.

Léon demeura tout étonné et se demanda ce que voulait dire la colère de Louise. Certes, il eût été fort embarrassé de l'expliquer, et Louise aussi, et nous même comme Louise; car cette colère tenait à un de ces mouvements irraisonnés du cœur des femmes et surtout du cœur des jeunes filles qui les mènent à leur insu, et vers un but qu'elles ignorent. Peut-être en continuant ce récit pourrons-nous le faire comprendre à nos lecteurs; mais ce qu'il est nécessaire de leur expliquer sur le champ, c'est le moyen par lequel Léonard était arrivé à mêler l'abbé Nivelin à cette affaire de famille, et le faire intercéder auprès de madame Durosoir en faveur du coupable Léon.

Nous voudrions pouvoir dire d'une manière neuve une vieille vérité: cette vieille vérité, c'est qu'il y a toujours un intérêt caché dans les actions d'un homme et particulièrement dans la bienveillance d'un prêtre; quant à la manière neuve d'exprimer cette vieille vérité, Dieu nous l'accordera sans doute une autre fois, il suffit pour aujourd'hui que nous l'ayons suffisamment dite.

Donc, d'après notre foi en la bienveillance des soutanes, il devait y avoir un intérêt caché dans la conduite de l'abbé Nivelin. Quel était cet intérêt, était-ce un intérêt de cœur, un intérêt de fortune ou de vanité? non; c'était un intérêt de corps.

Disons comment un pareil intérêt put se trouver mêlé à l'orgie des étudiants et à la correction qu'on voulait infliger à Léon Massaillan.

Le matin du jour où est arrivé notre récit, Léonard se presenta chez l'abbé Nivelin. Il était à peine huit heures, et déjà le digne abbé avait dit sa messe dans l'église de Sainte-Radegonde. Il était allé aussi faire sa prière accoutumée devant la pierre où Jésus-Christ laissa l'empreinte de son pied après avoir apparu à cette sainte. M. l'abbé se trouvait donc de très-bonne heure en état de grâce, et par conséquent en état de déjeuner. Cependant une caille refroidissait devant lui, et sa

Dubelloy, dont il surveillait lui-même les opérations, ne filtrait plus qu'un café froid et décoloré. Une grave pensée occupait l'abbé Nivelin; une pensée grave et triste, une pensée irritante; car à plusieurs reprises il s'était écrié: Seigneur Dieu! comment faire? Quiconque a vécu sous la férule des robes noires doit savoir que: Seigneur Dieu! est le juron favori de ces messieurs. M. l'abbé Nivelin ne déjeunait donc point, il méditait, lorsqu'on sonna à sa porte. Un moment après, la gouvernante de M. l'abbé vint lui dire qu'un beau jeune homme demandait à lui parler avec une instance désespérée.

— C'est un malheureux qui a fait ou qui va faire quelque grande faute... — Recevez-le, dit la gouvernante avec un accent de pieux commandement.

L'abbé, malgré sa mauvaise humeur, donna ordre d'introduire le jeune homme. Léonard entra. Léonard était connu de tout Poitiers. Ceux qui n'avaient pas vu sa figure savaient du moins son nom. Léonard suivait trop attentivement les saints offices ou plutôt les jolies femmes qui s'y rendaient, pour n'être pas connu de figure et de nom par l'abbé Nivelin. Celui-ci fut donc fort étonné en voyant l'étudiant, et il lui demanda ce qu'il désirait. Ce que l'abbé avait raconté chez madame Durosoir fut le texte de l'introduction de Léonard; mais probablement si la conversation n'avait pas été plus loin que n'en avait dit M. Nivelin, l'abbé n'eût pas consenti à se charger de la commission de l'étudiant. Mais voici ce qui détermina le consentement de l'abbé. Au moment où il se refusait à intercéder pour Léon et à demander une entrevue à madame Durosoir, Léonard ajouta d'un air contrit:

— Votre refus m'afflige, monsieur l'abbé; car ce dîner avait un but bien différent de la scène pour laquelle il a plui; il avait pour but un scandale que j'aurais pu prévenir si j'avais trouvé indulgence près de vous, mais que les étudiants donneront sans doute à la ville de Poitiers si leur reporte votre refus; car je suis ici non-seulement pour mon compte, mais pour celui de mes camarades. — De quoi donc s'agit-il, monsieur?

— Il s'agit, monsieur l'abbé, de l'arrivée des missionnaires.

La figure de M. Nivelin prit à ce mot une vive expression de curiosité.

— En quoi, reprit-il, les missionnaires peuvent-ils être mêlés à ceci? — Voici comment. Les étudiants indignés, sans doute à tort, de l'espèce de censure morale que ces prédicateurs étrangers semblent jeter sur le clergé de toutes les villes où ils passent, avaient décidé de ne pas souffrir leurs prédications. — Vraiment! fit l'abbé Nivelin. — Vous comprenez, monsieur l'abbé, continua Léonard, que la plupart de mes camarades voient une insulte au clergé de notre ville dans ces auxiliaires passagers qu'on lui donne. Cela semble dire, prétendaient-ils, que nos prêtres manquent de foi ou de talent pour diriger leurs ouailles? Vous le savez, monsieur l'abbé, si l'École est quelquefois querelleuse envers la garnison, elle est pleine de respect pour le clergé. Eh bien! c'est ce respect même qui avait inspiré à quelques-uns d'entre nous le désir de se porter en masse aux prédications des missionnaires, de manière à les rendre impossibles. — Ah! fit l'abbé Nivelin en déguisant mal un air de satisfaction, je comprends, et c'est pour organiser ce complot que ce malheureux dîner a eu lieu? — Oui, monsieur l'abbé, c'est-à-dire, pour l'organiser ou le dissoudre: quelques-uns pensaient que ce serait faire injure au clergé de notre ville, que de vouloir chasser des étrangers que lui-même leur a ouvert. — Sans doute, reprit l'abbé Nivelin, nous avons dû obéir au ministre. Mais qu'avez-vous décidé? — Rien encore, répondit Léonard. On craint de vous déplaire en faisant justice d'hommes indignes de vous être comparés et qui viennent sur votre sol récolter le fruit de vos travaux, et détourner à leur profit les dons des fidèles troupeaux. — Ce que vous me dites-là, monsieur, est grave. Dieu et l'équité défendent de se faire juge dans sa propre cause. J'estime et j'honore le talent des saints missionnaires qui nous ont été envoyés, quoique nous eussions la vanité de penser que peut-être nous eussions pu suffire à l'œuvre de Dieu; mais c'est une affliction qu'il nous envoie et que nous accepterons. Je verrais avec douleur un scandale dans la maison du Seigneur, mais celui qui ne l'a point excité n'en peut être responsable. — Vous avez raison, monsieur l'abbé, et c'est ce que nous disait ce pauvre Léon en nous exaltant vos vertus et vos talents: pardonnez-moi de vous rapporter ses expressions: J'enrage, disait il, quand je vois des intrus vouloir prendre la place d'un homme comme M. l'abbé Nivelin; un missionnaire dans la chaire de l'abbé Nivelin, cela me fait l'effet d'une grenouille dans la cage d'un rossignol. Pardon, monsieur l'abbé, vous savez que les jeunes gens entre eux ne s'observent guère, et puis ce pauvre Léon était si fortement indigné qu'il perdait toute mesure. — Léon, dit l'abbé Nivelin, est un enfant qui est plus inconséquent que pervers, je parlerai pour lui ; mais pouvez-vous me confier le secret que vous avez à révéler à madame Durosoir ? — Pardon, monsieur l'abbé, c'est une espèce de confession qu'a reçue mon amitié ; je pense que madame Durosoir ne vous en fera point un mystère ; mais moi je n'en ai pas le droit. — Eh bien ! je lui demanderai un entretien pour vous, et quant à ces messieurs de la mission... — Ils auront affaire à nous. — Ce n'est pas cela que je veux dire. — Je le sais, monsieur l'abbé, mais si Dieu commande à tous les chrétiens l'oubli des injures, il n'y en a que quelques-uns comme vous qui aient la force de suivre ce précepte ; les étudiants ne sont pas des modèles d'humilité. — Je le sais, je le sais aussi, répondit l'abbé en souriant ; cependant recommandez-leur d'être sages. — Je leur dirai vos intentions, monsieur l'abbé, dit Léonard, et je viendrai aujourd'hui même savoir la réponse de madame Durosoir. — Venez chez madame Durosoir elle-même, j'y serai vers onze heures.

Cette scène explique suffisamment pourquoi l'abbé Nivelin parla en faveur de Léon, et obtint l'audience sollicitée par Léonard.

C'est une chose incontestable pour quiconque a vécu en province à l'époque des missions, que le déplaisir qu'éprouvèrent les prêtres résidants, en voyant ce clergé ambulant venir usurper le meilleur de leur profit et de leur considération ; sans doute ils ne se mêlèrent nulle part directement à l'opposition que rencontrèrent les missionnaires, mais ils l'excitèrent souvent et la virent toujours avec joie.

La confidence de Léonard fut donc un grand soulagement pour l'abbé Nivelin, car la pensée grave, triste, violente, qui depuis trois quarts d'heure l'empêchait de déjeuner, n'était que la préoccupation que lui causait l'arrivée des prédicateurs de la mission. Il ne crut donc pas trop faire en servant de tout son pouvoir l'homme qui prenait, pour ainsi dire, sa cause en main ; et il lui rendit un service dont il ne comprit pas la portée en le promettant, et dont plus tard il ne sut point le mystère, malgré la prédiction de Léonard.

C'est que ce que Léonard dit à madame Durosoir était une de ces choses que les femmes ne confessent guère, surtout quand le confesseur est en droit de refuser son absolution d'homme, lors même qu'il voudrait donner son absolution de prêtre.

Cette confidence de Léonard, qui suivit immédiatement l'audience que nous avons racontée plus haut, servira peut-être aussi d'explication à la manière dont madame Durosoir parla à son neveu lorsqu'elle alla le trouver dans sa chambre.

Léonard s'était rendu chez madame Durosoir à l'heure indiquée par l'abbé Nivelin. Le jeune étudiant fut introduit chez la directrice, qui le reçut peu et négligé galant que nous avons décrit. Ce fut l'abbé Nivelin qui présenta Léonard, après que celui-ci lui eut glissé ces mots dans l'oreille :

— Hélas ! monsieur l'abbé, je ne sais que faire, l'exaspération est à son comble.

L'abbé soupira et sortit en laissant Léonard seul avec madame Durosoir. Léonard était assis devant elle, il la regardait tristement et pour ainsi dire avec componction ; madame Durosoir avait baissé les yeux et pincé les lèvres. Cependant Léonard ne parlait pas ; enfin madame Durosoir, embarrassée de ce silence, interrompit le silence :

— Enfin, monsieur, qu'avez-vous à me dire ? — Ce que j'ai à vous dire, madame, reprit Léonard, est bien difficile, surtout de moi à vous. — Et pourquoi cela, monsieur ? — C'est que j'étais venu pour vous prier de pardonner à Léon, en vous disant la cause de sa faute, et que maintenant il me semble qu'il a eu raison de la commettre. — Veuillez vous expliquer, monsieur ; il faut que je prenne une résolution vis-à-vis d'un jeune pupille que je suis chargée de diriger, et j'ai besoin que vous vous expliquiez clairement.

— Je vais donc le faire, répondit Léonard, mais veuillez vous rappeler, madame, que ma confidence ne doit pas devenir une délation. Et il en serait ainsi, si ce que je vais vous dire vous rendait plus sévère envers Léon. — Parlez, monsieur, mon parti est pris, et ce que j'apprendrai de vous ne me semble pas de nature à pouvoir me faire changer d'opinion. — Eh bien ! madame, reprit Léonard en poussant un soupir de résolution, eh bien ! apprenez donc que Léon est amoureux. — Amoureux ! fit madame Durosoir sur un ton

de fausset très-criard. — Oui, madame, amoureux comme un fou ; Léon est brûlé d'une passion qui le persécute, le dévore, le tue. Et c'est pour s'y soustraire qu'il a cherché dans les désordres d'une orgie, dans les dangers d'un duel, une distraction à la pensée fatale qui le poursuit. — Vraiment, monsieur, dit madame Durosoir, avec une pruderie tout à fait incrédule et dédaigneuse, voilà un singulier conte que cette passion, et si cette passion n'est pas un conte, voilà une singulière façon de s'en guérir. — Hélas ! madame, dit Léonard (se laissant emporter à sa confidence), la passion est vraie, je le comprends quand je vous vois.

Madame Durosoir se retourna et ouvrit de grands yeux.

— Et le remède qu'a choisi Léon, continua Léonard, comme s'il n'avait rien dit de direct, ce remède est peut-être le seul qu'il lui soit permis de choisir ; car pour lui la feinte est impossible, il faut qu'il voie tous les jours celle qu'il adore ; qu'il vive à ses côtés, qu'il s'enivre de ses regards, et il faut qu'il se taise ! et vous devez imaginer l'horreur d'un tel supplice, vous devez lui pardonner. — Monsieur, monsieur, répliqua madame Durosoir, dont la voix était sincèrement altérée, c'est un enfantillage de Léon. Je ne puis croire à une pareille confidence... elle est horrible à entendre... et vous me voyez au désespoir... Mais êtes-vous bien sûr que Léon ?... — Madame, répondit Léonard en reprenant ses façons de beau diseur, on peut en douter quand on ne vous connaît pas, on serait tenté de juger comme lui dès qu'on vous a vue.

Madame Durosoir salua de la paupière et des lèvres en remerciment de la galanterie de Léonard. Elle se remit presque aussitôt et dit à Léonard :

— Je vous remercie, monsieur, de la délicatesse de votre procédé. Vous avez bien fait de ne point parler de cette passion à l'abbé Nivelin ; il eût fait de la sévérité à propos de tout ceci, et en vérité c'est une folie qui ne durera que quelques jours, et qu'on pourrait irriter en la contrariant. J'espère que vous me garderez le secret vis-à-vis de tout le monde, et surtout vis-à-vis de Léon.

Léonard promit, et après avoir obtenu la permission de venir quelquefois savoir des nouvelles de madame Durosoir, il quitta la charmante directrice.

Celle-ci commença tout aussitôt l'œuvre de guérison de ce pauvre Léon, et on a pu voir avec quelle toute maternelle dont elle essaya du pouvoir de l'indulgence sur son jeune cœur.

III

Cette journée apporta un grand changement dans la manière d'être de sa tante. De petit garçon qu'il était dans la maison de sa tante, il devint enfant gâté. À lui les bons morceaux ; à lui la place au feu, à lui la bassinoire ou le moine pour échauffer son lit ; à lui les présents élégants, les soins de toilette. L'amour d'une femme de trente-sept ans pour un jeune homme a toujours quelque chose de maternel, quand le caractère de la femme n'en fait pas une tyrannie.

Léon devint bientôt le plus joli petit étudiant frisé, musqué, pomponné, rose, portant manchettes et jabots. Quant à madame Durosoir, jamais on ne l'avait vue si douce et si avenante. Les soins de toilette que souvent elle remettait autrefois après le déjeuner, étaient accomplis dès le matin ; elle ne sortait plus de sa chambre que coiffée, lacée, chaussée ; plus de bonnets de nuit, de camisoles, ni de pantoufles ; elle rajeunissait. Quant à Léonard, il continuait ses visites avec assiduité ; se tenant toujours dans les termes d'une respectueuse admiration pour les attraits de madame Durosoir, qu'il vantait incessamment près de Léon. Toutefois, Léon, au lieu de suivre l'impulsion que son ami voulait lui donner, s'imaginait au contraire que tous les éloges de Léonard partaient d'une passion secrète, et il éloignait avec fermeté les tentations que lui donnait quelquefois l'agacerie amoureuse de madame Durosoir. Car Léon avait surpris quelquefois les solitudes rêveuses de madame Durosoir, et dans ces tête-à-tête souvent prolongés, les regards demi-clos, les lèvres entr'ouvertes, le papillonnage d'un pied ravissant, les étouffements qui ont besoin d'ouvrir une guimpe trop montante aux fraîcheurs de l'air, tout cela lui avait été prodigué, et avait excité en lui ces désirs de jeune homme, premier droit des femmes de trente-sept ans aux passions fougueuses qu'elles excitent. Mais Léon n'osait pas parler : d'abord parce qu'il n'était pas vraiment amoureux ; ensuite parce que l'idée d'aimer sa tante lui semblait impossible, et puis parce qu'il ne voulait pas trahir Léonard. Il pensait bien plutôt à sa jolie cousine Louise qui le maltraitait sans cesse. Louise était une de ces jeunes filles dont il est difficile de démêler le vrai sens, embarrassées qu'elles sont, et des idées qu'elles prennent au milieu des réticences du monde, et de la croissance du cœur qui se développe en elles.

Louise, par opposition aux manières précieuses et dévotes de sa mère s'était fait d'un homme parfait une image toute contraire à celle que sa mère proposait sans cesse à l'admiration des jeunes filles. Autant madame Durosoir estimait un joli jeune homme soigneux et rangé, autant Louise trouvait qu'un homme devait être désordonné et prodigue. Madame Durosoir vantait sans cesse les bonnes manières d'un joli cavalier qui sait ramasser un gant, préparer le thé, qui se connaît en jolis chiffons, et parle en souriant et avec retenue ; Louise ne vantait pas, mais elle estimait en son cœur l'homme qui ne s'asservissait pas aux petits devoirs du monde, qui savait manier une épée, et qui imposait ses opinions par la crainte encore plus que par la persuasion. Avec cette disposition d'esprit, on peut croire que Léonard eût dû lui plaire ; mais par une contradiction de jeune fille, qu'elle-même ne pouvait s'expliquer, elle eût voulu trouver dans la jeunesse naïve et douce de Léon Massaillan, ces qualités de force et d'indépendance qu'elle rêvait, mais qui lui faisaient peur dans Léonard.

Léon vivait donc entre deux femmes qui le désiraient également, mais dont l'une le voulait timide et réservé, et l'autre audacieux et tapageur. Il en résultait pour lui un tiraillement de sentiments qui le rendait fort malheureux : il obéissait à Louise qui lui faisait honte de ses manières d'abbé, et se permettait de temps à autre quelque grave incartade qu'il se faisait pardonner par sa tante, au moyen de ses petites câlineries qu'elle prenait pour de l'amour.

Quant à Léonard, il était véritablement épris de Louise ; il avait deviné sa préférence pour Léon, et il en avait mieux expliqué la cause que la jeune fille elle-même. Louise était née avec un de ces esprits ardents qui aiment la domination ; ne se trouvant pas en position d'exercer la sienne, elle avait cru devoir prendre le parti de ceux qui avaient son propre caractère. De sa contradiction avec elle-même, elle craignait Léonard parce qu'elle le sentait plus fort qu'elle, et elle s'attachait à Léon parce que c'était le seul être à qui elle pût parler en maîtresse absolue.

Tout l'hiver se passa ainsi, sans que chacun s'aperçût de l'intensité que prenaient en soi les sentiments qu'ils y portaient.

Madame Durosoir, à force de rêver à Léon, en était devenue amoureuse. Léon ne savait plus ce que son cœur devait préférer, de la mansuétude aimante de madame Durosoir, ou de la tyrannie compromettante de sa fille. Louise de son côté luttant contre sa mère, mais à son insu, s'irritait de ne pouvoir obtenir de Léon ce qu'elle lui demandait, les allures d'homme et de la volonté personnelle ; et l'acharnement qu'elle mettait à cette lutte l'avait presque persuadée qu'elle éprouvait pour son jeune cousin une passion dont elle s'indignait elle-même.

Probablement la lutte eût duré longtemps, sans l'arrivée soudaine dans la ville de Poitiers de M. et madame de Lubès. M. de Lubès, général commandant le département, et madame Lubès, femme de quarante-deux ans, un peu plus grande de taille que son mari, qui avait cinq pieds six pouces, noire de cheveux, haute en couleur, mesurant un homme d'un regard comme un inspecteur aux revues. À la seconde visite faite à madame Durosoir, l'inspection fut favorable à Léon ; et à la troisième visite que Léon fit à madame de Lubès, le jeune homme comprit ce que voulaient dire les petits oublis de sa tante en sa présence.

Ce que toutes les insinuations de Léonard n'avaient pu lui inspirer d'audace, il le prit dans son entrevue avec madame la générale. Élevée à l'école de Napoléon, qui conquérait la Prusse en sept jours, celle-ci avait poussé la provocation assez loin pour que Léon s'aperçût que sa tante avait pris la même route ; mais que seulement elle n'y avait marché ni si vite, ni si avant. Il en résulta qu'au bout de quinze jours, quand Léon sut de madame de Lubès tout ce qu'un jeune homme de dix-huit ans peut apprendre d'une femme de quarante-deux ans, il tourna vers sa tante un regard amoureux et plus éclairé. Mais au lieu de retrouver madame Durosoir bonne et charmante, toujours prête à l'accueillir, il la rencontra revêche et dure ; elle le raillait impitoyablement sur l'emploi de ses soirées, et dépeignait à ses amis en présence de Léon les charmes de madame de Lubès, qu'elle déshabillait ou habillait avec un air de dérision qui faisait rougir Léon de sa conquête, et qui étonnait les personnes habituées à la retenue de la directrice.

La résistance de madame Durosoir décida la victoire en sa faveur ; Léon se sentit si niais d'avoir laissé échapper tout ce qu'on lui avait si bonnement offert, qu'il se prit à le désirer avec ardeur ; et comme on le lui refusa avec obstination, il se trouva bientôt être amoureux fou de sa tante. Du moment qu'il y eut passion réelle, les allures de Léon changèrent complètement. Il devint audacieux et timide à la fois. Il osait serrer les genoux à sa tante et tremblait en lui parlant. Sans faire d'aveu, il sollicitait sans cesse les doux moments d'intimité où il avait été admis ; il disait aussi habilement que possible : J'ai été un niais, vous verrez que cela ne m'arrivera plus. Mais à tous les regards désolés, à toutes les paroles à double entente, madame Durosoir ne répondait que par un :

— Est-ce que vous n'allez pas chez madame de Lubès ?

C'était sa réponse à tout. Il en était résulté que Léon avait pris cette femme en haine et qu'il la traitait avec une impertinence de séducteur rassasié tout à fait orientale. Cela ne suffisait pas à la vengeance de madame Durosoir, et rien ne l'attendrissait. Un autre que Léon ne se serait pas trompé à cette rigueur, un autre eût deviné au soin toujours nouveau que madame Durosoir mettait à sa toilette, qu'elle aimait l'amour de Léon. C'est d'ailleurs un sentiment qui doit avoir un charme singulier pour une femme encore assez belle pour se donner à son jeune amant avec l'assurance d'être la plus belle à ses yeux, que cette ardente adoration qui lui rend de bonne foi toute la puissance de sa jeunesse, toute la fraîcheur de sa beauté. Qu'importe si, dans ce livre fermé que le jeune homme n'a pas encore lu, les premières pages qu'il lit ne sont pas les plus pures, pourvu qu'elles soient les plus enivrantes. Eh bien ! madame Durosoir avait inspiré cette violence de désirs à Léon et elle le comprenait ; elle en était heureuse. Aussi excitait-elle ce sentiment par sa résistance et sa coquetterie. Elle était si fière, si rayonnante, que jamais elle n'avait été si jolie, si attrayante, et jamais plus d'hommages ne l'avaient entourée. Cela ne faisait qu'accroître son amour pour Léon, car elle lui était reconnaissante de l'aimer comme il le faisait, et de la faire aimer par d'autres que par lui.

Cependant elle demeurait inflexible, elle était en son cœur si bien résolue de céder, qu'elle ne se pressait pas de donner à Léon un bonheur qui ne pouvait lui échapper. Ce petit égoisme faillit tout perdre.

Léon, ce jeune homme qui ne faisait rien en vertu de son impulsion naturelle, mais pour ainsi dire par imitation, voulut rendre à sa tante le manège qu'elle lui faisait subir ; et de même que madame Durosoir se prêtait aux adorations de ceux qui l'entouraient, il voulut s'offrir ses hommages à une autre femme ; cette autre femme, ce fut Louise. À la première soirée où cette désertion eut lieu, madame Durosoir en sourit ; mais lorsqu'elle vit que cela continuait, lorsqu'elle vit que Louise accueillait Léon avec des sourires de joie et des battements de cœur, alors madame Durosoir s'alarma. Elle avait toujours supposé que sa fille détestait Léon, parce qu'elle le querellait ; elle fut donc fort étonnée de la voir si docile à l'écouter, si gracieuse pour accepter sa main à une contredanse, si attentive à le suivre du regard. C'est que Léon avait gagné aux yeux de Louise quelques-unes des bonnes qualités qu'elle rêvait dans un homme accompli : la passion lui avait ôté sa timidité, et la façon cavalière dont il traitait madame de Lubès lui prêtait un air d'homme fort qui charmait Louise. Madame Durosoir eut peur, et Léonard lui-même craignit cette fois que le soin avec lequel il entourait Louise d'hommages inaperçus ne vînt échouer contre cette bouderie de Léon et un caprice de jeune fille. Ce n'est pas qu'il n'eût beaucoup gagné dans le cœur de la jeune fille, il avait su trouver le mot qui devait la flatter le plus ; il lui avait dit :

— C'est une chose facile que de briser tous les devoirs du monde pour une femme, je l'ai fait souvent pour un mot ; mais c'est un sacrifice encore plus grand que de les reprendre quand on les a brisés ; il n'y a qu'un amour bien puissant qui puisse donner ce courage.

Léonard n'avait pas dit le nom de la femme qui lui avait inspiré cet amour ; mais Louise l'avait entendu battre ce nom dans le cœur de Léonard, et elle s'était aussi glorifiée en elle-même de la passion qu'elle inspirait ou plutôt du pouvoir qu'elle exerçait. Toutefois, Léon avait été son premier rêve, et dès qu'il revint à elle, elle se tourna vers lui.

Un sentiment tout féminin l'excitait aussi à ce petit manège. Dès qu'elle souriait à Léon, Louise voyait sa mère d'un côté et Léonard de l'autre. Cela lui faisait bien à l'orgueil, et quelle est la femme dont l'amour ne soit pas mi-partie fait de vanité ? De cette façon, et comme chacun de ces jeunes cœurs,

Léon et Louise, jouaient un rôle, ils y mirent tous deux une affectation qui frappa bientôt tous les regards, et il ne se passa pas quinze jours, que tout Poitiers ne fût rempli du bruit du prochain mariage de Léon et de mademoiselle Louise. Parmi les symptômes les plus évidents de ce mariage, on avait remarqué que Louise avait valsé avec Léon, et à cette époque, nulle jeune fille ne valsait qu'avec son frère ou avec un prétendu agréé : la valse équivalait à des fiançailles. Madame Durosoir en recevait des compliments qui la brûlaient comme des fers rouges, et Léonard commençait à se sentir repris au cœur de ces envies de raisonner à coups d'épée, qui lui avaient si souvent réussi. Cependant il comprenait qu'un duel avec Léon lui fermerait à jamais l'entrée de cette famille, et cette pensée l'arrêtait ; il avait pensé à tourner contre Léon la même ruse dont celui-ci le tourmentait, il voulait aller coqueter près de madame Durosoir ; mais, outre que sa qualité de confident eût fait de cette manière une indigne traîtrise, il craignait que Louise, avec son caractère, ne lui pardonnât pas même une feinte d'abandon.

Les choses en étaient là, lorsqu'il y eut un nouveau conseil de famille provoqué par M. Durosoir. Il y fut question de la passion de Léon pour sa cousine, et de la manière compromettante dont ce jeune homme affichait cette jeune fille. On agita les moyens à prendre pour arrêter ce scandale ; l'oncle, M. de Bravegens, proposa le mariage. L'intérêt de cœur de madame Durosoir le rejeta avec aigreur ; l'intérêt de calcul de M. Durosoir, qui eût dû rendre compte à sa fille de sa fortune particulière, le rejeta encore plus violemment : rien ne fut décidé. Mais l'abbé Nivelin demeura seul avec madame Durosoir, et ce fut entre eux que fut arrêté le plan de campagne contre Léon.

— Écoutez, dit l'abbé Nivelin en s'appuyant le dos à la cheminée pendant qu'il rajustait les boucles des cheveux de madame Durosoir qui se bichonnait devant la glace, écoutez : vous ne voulez pas éloigner Léon et vous ne voulez pas le marier ; il ne vous reste plus qu'un moyen pour le corriger de son amour pour Louise, c'est de lui en donner un autre.

Madame Durosoir ne comprit pas et répondit assez sèchement :

— Allons donc, l'abbé, est-ce que vous croyez que l'amour de Dieu soit le fait d'un joli garçon de dix-huit ans? croyez-vous qu'on fasse aisément d'un dévot d'un amoureux, et que cet amour céleste suffise à sa jeune tête? — Comment voulez-vous que je le croie, chère belle, dit l'abbé en lui serrant le bout des doigts, lorsque je sais mieux que personne qu'il ne suffit pas à des têtes qui devraient être plus raisonnables?

Madame Durosoir se dégagea avec brusquerie ; elle commençait à détester l'abbé Nivelin de toute la faiblesse qu'elle avait eue pour lui ; après ce geste, elle répliqua :

— Eh bien! que voulez-vous dire, en me conseillant de donner un autre amour à Léon? — Je veux dire, puisque vous ne voulez pas me comprendre, qu'il faut lui donner sinon un autre amour, du moins une autre femme. Si vous ne l'aviez pas persécuté de vos épigrammes sur sa liaison avec madame de Lubès, il serait encore l'aide de camp de la générale, et votre maison serait en repos.

Madame Durosoir demeura longtemps silencieuse après ce conseil de l'abbé ; celui-ci suivait en souriant les mille agitations de la physionomie de madame Durosoir ; il croyait y lire une admiration craintive et profonde pour sa science d'homme du monde : il se trompait, le pauvre amant passé ; il n'était pour rien dans les réflexions de madame Durosoir, elle ne pensait qu'à Léon et au moyen très-moral qu'un prêtre venait de lui donner de sauver l'honneur de sa fille ; elle pensait surtout que ce moyen n'était possible qu'autant qu'elle deviendrait elle-même la victime du sacrifice ; quel dévoûment maternel ce serait! et quel bonheur aussi! Léon Massaillan! l'aimer et se donner à lui, par vertu! par amour maternel! c'était trop séduisant.

Nous voudrions, mais nous ne pourrions dire quel amalgame de sentiments les plus opposés remua un moment le cœur de madame Durosoir ; cependant, malgré les séductions du moyen proposé, peut-être madame Durosoir ne l'eût-elle pas accepté, si, tout à coup, la plus déterminante de toutes les séductions ne s'était présentée à son esprit. Cette séduction déterminante fut apportée par un regard qu'elle jeta sur la figure épanouie de l'abbé Nivelin.

— Le sot! s'écria madame Durosoir, dans le profond de son cœur de femme, c'est lui après m'avoir proposé un moyen qui doit aboutir à le tromper. Mon mari n'eût pas mieux fait. Les longs dîners amants deviennent donc aussi des maris... Mais, mon Dieu! a-t-il l'air content de ce qu'il a fait... rien ne le trouble ; il est donc bien sûr de moi... Il s'imagine

donc qu'après lui, je ne trouverai personne au monde... Mais on n'a pas une quiétude plus impertinente que cet abbé joufflu... Eh bien! nous verrons... nous verrons...

Je ne prétends pas que toutes les femmes fassent entrer de pareilles considérations dans les raisons qui les font changer d'amants ; mais passé l'âge où la passion n'est plus la maîtresse absolue du cœur et des sens, la vanité prend sa place, et il s'y mêle un peu de mystification, on peut-être assuré que la femme ne résistera pas.

Nous pouvons donc dire que dès ce moment madame Durosoir appartint à Léon. Ce ne fut pas lui qui la conquit, ce fut l'abbé Nivelin qui la donna.

Cependant, de son côté, Léonard avait hâte d'en finir, et ne pouvant amener un dénoûment par le moyen naïf d'un soufflet et d'un coup d'épée à un rival qu'il savait bien n'être pas dangereux, et qui d'ailleurs était le seul prétexte de sa présence dans la maison, il trouva ingénieux d'armer Léon de ce moyen. Pour ce faire, le même jour où l'abbé Nivelin donnait à madame Durosoir un conseil si chrétien et si adroit, Léonard se rendit chez Léon, et se présenta comme un homme qui vient rompre avec regret ses relations avec un ancien ami. Léon lui demanda pourquoi.

— Pourquoi? s'écria Léonard, parce que tu te laisses mener comme un enfant; comment! tu souffres qu'une demi-douzaine de freluquets viennent papillonner autour de ta tante? — Qu'appelles-tu papillonner? — Certainement, papillonner ; et surtout ce gros animal de général Lubès qui, pour se venger de ce que tu l'as fait ce qu'il a toujours été, veut te narguer en prenant avec madame Durosoir des familiarités révoltantes. L'autre jour, pendant que nous jouions au vingt-un, il a allongé sa botte sur mon pied, croyant presser amoureusement le pied de satin de madame Durosoir ; mais il a deviné qu'il s'était trompé au coup de talon que j'ai imprimé sur les grosses pattes qu'a rapportées de Russie, et dont il n'a dû geler qu'une bien faible partie, car ce qui lui en reste est monstrueux. — Mais que veux-tu que je fasse?... — Je ne sais pas ce que tu veux faire ; mais moi, j'ai été tenté vingt fois de le souffleter pour ton compte. — Eh bien! s'écria Léon, il le sera ce soir, je t'en donne ma parole d'honneur. Au fait, cet homme me vexe singulièrement ; il est toujours assis à côté de Célestine. — Hein! fit Léonard, qu'est-ce que c'est que Célestine? — C'est le petit nom de ma tante, répondit Léon d'un air assez embarrassé. — C'est bien, c'est bien, reprit Léonard, mais il est inutile de souffleter le général avant de s'être expliqué avec Célestine. C'est une femme qui t'adore, et vous jouez tous deux à cache-cache avec la meilleure envie du monde, sans qu'aucun ose faire le premier pas... Dis-lui tes intentions et tu verras. — C'est convenu, en tous cas, je compterai sur toi. — Très-bien, je te prêterai Mélusine.

Mélusine était une épée de combat qui appartenait à Léonard, et qui avait la réputation de n'avoir jamais manqué son homme. Il y avait une sorte de superstition attachée à Mélusine. Le plus brave ne se battait pas sans trembler contre Mélusine, le plus timide trouvait une sorte de confiance dans cette épée. Léonard, en l'offrant à Léon, lui assurait la victoire.

Le soir vint, et le salon de madame Durosoir s'ouvrit à l'élégante société de Poitiers. Léon pendant tout le commencement de la soirée ne quitta pas les entours de madame Durosoir. Mais cependant il ne lui disait rien. Léon avait préparé une phrase qui devait décider la question d'un coup, et il ne voulait pas compromettre la décision qu'il avait prise lui-même, en l'exposant aux interrogations de madame Durosoir. Par un hasard assez rare, M. de Lubès et madame de Lubès arrivèrent fort tard, et Léon garda sur le cœur sa terrible phrase : comme un paysan peureux qui s'est engagé à mettre le feu à une mine, qui brûle de se débarrasser de sa mission et qui est forcé d'attendre un signal. Enfin madame de Lubès entra, et un moment après, M. de Lubès. Celui-ci demeura à l'entrée du salon ; les deux femmes s'embrassèrent tendrement : quand madame Durosoir eut repris sa place au coin de la cheminée, M. de Lubès s'avança avec son gros air de grosse galanterie ; il s'apprêtait sans doute, comme à l'ordinaire, à prendre la main de madame Durosoir et à la baiser, c'est-à-dire à la salir du tabac qu'il laissait dans ses moustaches, lorsque Léon, qui s'était glissé derrière le fauteuil de sa tante, se pencha vivement à son oreille, et lui dit d'une voix résolue :

— Si vous donnez votre main à baiser à cet homme, je le soufflette en plein salon.

La proposition était claire. M. de Lubès était à deux pas de madame Durosoir, et Léon était derrière elle. Dans les mœurs d'étudiants un soufflet était une chose qui se donnait quand elle était promise, madame Durosoir ne douta pas que Léon ne tînt sa promesse. Elle pâlit en femme craintive ; mais en femme habile elle glissa vivement une main derrière son fauteuil et prit celle de Léon, tandis qu'elle abandonna l'autre à M. de Lubès ; puis, comme Léon avait fait un mouvement violent vers M. de Lubès, elle se leva entre eux deux et jeta au visage de Léon ces trois mots :

— Cette nuit, chez moi, à une heure, il faut que je vous parle.

Léon fut si ébloui du rendez-vous qu'il demeura immobile, et madame Durosoir, fière d'avoir sauvé la position, s'éloigna pendant que M. de Lubès galantisait avec quelques autres femmes. Léon ne quitta point sa place, Léon demeura enfermé avec lui-même et prit celle de madame Durosoir. Que voulaient-ils dire ? il n'osait y croire, tantôt se sentant le cœur inondé d'une joie indicible, tantôt replongé dans un doute affreux ; alors la rougeur la plus vive, ou une pâleur soudaine montaient à son jeune visage.

Quant à madame Durosoir, tout en parcourant le salon, elle guettait Léon du coin de l'œil. Jamais bonheur ne fut si vrai que celui de madame Durosoir, elle voyait, elle lisait sur ce visage ingénu le pouvoir de ses paroles ; cet homme souffrait et était joyeux, pour elle et par elle seule, cet homme, cet enfant qui l'aimait véritablement, car dans celui-là elle ne pouvait supposer aucun calcul de vanité ou de position.

Ce doute qui naît au cœur des femmes qui ont expérimenté le monde, et qui leur gâte au fond du cœur les hommages les plus dévoués, ce doute n'existait plus pour madame Durosoir, la conviction de la sincérité de l'amour de ce jeune homme lui était acquise : elle était enfin heureuse, elle qui avait accepté par lassitude les attentions de tant de roués de province, et par fausse exaltation d'imagination, les extases divines de l'abbé Nivelin, de se retrouver en possession d'un amour frais et jeune. Elle n'eut qu'un moment de trouble, un moment de doute qui l'attrista tendrement ; elle se demanda :

— Serai-je assez belle pour lui ?

Elle se regarda dans une glace, elle se trouva bien. Ce ne fut pas sa vanité qui lui accorda cet éloge, ce fut son bonheur : elle était belle en effet, et tout en elle rayonnait d'une si douce joie qu'elle ne fut jamais plus charmante.

Léon, de son côté, s'était retiré dans un coin du salon, de là, il suivait sa tante du regard, sa tante dont il étudiait chaque geste, chaque regard, dont il énumérait les grâces une à une ; qu'il n'avait jamais trouvée si séduisante ; qui lui jetait des sourires languissants qui le brûlaient ; qui lui montrait ses pieds mignons, ses dents blanches, ses yeux scintillants et humides ; et dans ces moments, sûr que cette femme serait bientôt à lui, il se laissait plonger dans un délire de bonheur inouï, il regardait en pitié tous ces hommes qui la suivaient et qui n'auraient d'elle que la main gantée, le pied chaussé, la beauté vêtue. Au lieu que lui !... alors il frissonnait, il bondissait sur sa chaise, puis un moment après le doute le reprenait, et tout ce monde lui paraissait odieux, insupportable : peut-être n'avait-elle voulu que l'arrêter, et prévenir un éclat ; alors il se levait pour aller insulter le général, puis il se rasseyait en tremblant de perdre son bonheur.

Deux ou trois fois Louise, étonnée de sa solitude et de sa rêverie, vint près de lui et lui demanda pourquoi il ne se mettait pas à la danse. Mais Louise n'habitait pas le cœur de Léon, elle n'avait été pour lui qu'une occupation prise à dessein pour exciter la jalousie de madame Durosoir, et dès qu'il eut à parler à Léon dans un moment où le cœur seul vibrait en lui, il ne trouva pas un mot qui y rencontrât un écho. Elle fut surprise de cette indifférence, et ne se tint pas pour battue, elle recommença l'attaque en lui disant :

— Voilà le troisième quadrille que je danse avec M. Léonard. — Ah ! fit Léon. — Et maman vient de me permettre de valser avec lui, ajouta Louise avec intention. — Léonard valse à ravir, dit Léon.

Le dépit s'empara du cœur de la jeune fille, qui avait jusqu'à ce jour gardé à son seul cousin la faveur de valser avec lui, et qui s'était compromise par ce fait. Elle alla demander ce que sa mère ne lui avait pas permis ; elle alla vers elle, et lui dit :

— Maman, veux-tu me permettre de valser avec M. Léonard ? Léon est une espèce d'ours ce soir, et tu sais que j'aime la valse par-dessus tout. — Comme tu voudras, répondit madame Durosoir, à qui la joie qu'elle avait en elle fit oublier les saints devoirs de mère.

Ce fut donc un grand étonnement pour toute la société, que de voir Léonard s'avancer du bal avec mademoiselle Durosoir ; on s'entre-regarda, on chuchota. On se dit :

— Ce pauvre Léon est supplanté par son ami ; voyez comme il est triste dans son coin. C'est un tour indigne ; du reste, il l'a bien voulu, car c'est lui qui a introduit ce Léonard dans la maison.

Léon et madame Durosoir furent les seuls qui ne s'aperçurent pas de tous ces petits propos. Ils avaient trop à regarder en eux-mêmes pour voir ainsi au dehors.

Quant à Louise, elle avait, par cette solennelle démarche, accepté la cour de M. Léonard, et Léon se trouvait à tout jamais sacrifié.

Enfin, cette terrible soirée s'acheva. Au moment où tous les étrangers furent retirés, et lorsque la famille, restée seule dans le salon, fut sur le point de se séparer à son tour, il y eut un moment cruel pour madame Durosoir. Léon ne savait plus s'il avait entendu ou qu'il croyait avoir entendu ; il cherchait les regards de madame Durosoir, pour lui demander une confirmation de son bonheur. Mais madame Durosoir, entre son mari et sa fille, mieux observée par eux seuls qu'elle ne l'avait été par tout le monde qui venait de la quitter, madame Durosoir n'osait faire un signe ni dire un mot qui eût pu être surpris. En même temps, un véritable remords la prenait en face de ces deux êtres qu'elle allait tromper ; quand elles se jouent la partie contre une foule où elles ont beaucoup d'ennemis, le sentiment d'exaltation qui pousse les femmes à lutter contre le monde, s'éteint et les laisse quelquefois sans force contre les cœurs confiants qui s'offrent d'eux-mêmes à la tromperie.

Le calme bienveillant de M. Durosoir ébranlait madame Durosoir, qu'avait irritée la confiance vaniteuse de l'abbé Nivelin. Elle était manifestement émue et elle fut la première à quitter le salon. Chacun se retira après elle, et Léon rentra chez lui.

De tous les rendez-vous qu'un homme peut obtenir d'une femme, celui dont l'attente nous semble le plus dramatique, c'est celui qui se donne dans la maison où l'on habite ensemble. Chaque bruit y fait événement ; chaque minute y dure un siècle. Quand du dehors vous arrivez à une heure marquée sous une fenêtre qui s'ouvrira pour vous, ou bien quand vous devez vous rencontrer en quelque lieu écarté, où la prudence vous ordonne d'être à l'heure dite, la plupart des émotions de l'attente disparaissent. Mais quelle anxiété dans une maison dont on écoute tous les mouvements, dont on cherche à deviner tous les bruits ! Les portes qui s'ouvrent et se ferment, chaque bruit qui a fait, retentissent, les meubles qu'on remue, tout cela est une histoire qu'on suit pas à pas. Voilà le domestique qui range les feux et les éteint ; il ferme les volets, il tire les verrous de la grande porte. Puis c'est le mari qui se promène dans sa chambre... son pas est plus sourd, il a ôté ses bottes, il se déshabille... il marmotte un air et tisonne son feu. Est-ce qu'il va veiller ! non, ce n'est pas cela... Il traîne une table près de son lit. Est-ce qu'il va lire ?... non. On se penche en dehors de sa propre fenêtre pour examiner la sienne ; la fenêtre est obscure. Il est couché et il dort... Il ne dort pas, il vient de tousser. D'ailleurs Louise ne dort pas, elle fredonne dans sa chambre, elle ouvre aussi sa fenêtre ; elle s'expose demi-nue à la fraîcheur de la nuit. Son cœur et sa tête brûlent, il faut qu'elle se calme. Elle ne craint pas de se rendre malade, l'imprudente... Enfin, elle rentre... elle va et vient encore longtemps ; puis la fenêtre s'éteint à son tour... Tout est noir... tout dort, c'est l'heure... il faut descendre... Mon dieu, comme ma porte crie... comme le bruit de mes pas retentit ! il faut marcher sans chaussure et sans lumière... Allons, nous voici au premier étage... mais il faut ouvrir la porte de l'antichambre, celle de la salle à manger, celle du salon ; que de précautions à prendre ! On s'apprête à mettre la main sur la clé... Mais si on me rencontre, que dire... J'avais soif, je voulais boire. — Mais il y a chez vous de l'eau. — J'ai oublié quelque chose dans le salon. — Quoi ? — Mes gants. — Des gants pour se coucher ? Tout cela n'a pas le sens commun. On hésite, on tremble. Enfin, on pense qu'une petite porte d'un cabinet de toilette, presque toujours fermée, donne sur le palier. On préfère y frapper. Elle, elle entendra seule... On cherche la porte du bout des doigts. Quand on la rencontre, il se trouve qu'elle est entr'ouverte. On entre, on la referme... La porte de la chambre est entr'ouverte aussi. Le rayon pâle d'une lampe de nuit vous la montre. Alors, le cœur perdu, la respiration haletante, on entre dans cette chambre... On y jette un regard rapide et égaré... Grand Dieu ! la chambre est vide ; où est-elle, où est Célestine ?...

Léon regarda avec stupéfaction... Un soupir se fit entendre... madame Durosoir était couchée !...

IV

Écoutez-nous, mesdames, non, ce n'est pas odieux; non, ce n'est pas effronté; c'est plus pudique que cette résistance qui sait où elle va, qui arrange sa défaite et veut se donner les airs d'une pudeur vaincue. Aussi comme elle avait raison notre bonne madame Durosoir, lorsqu'au jour naissant elle disait à Léon :

— Mon ami, je me suis donnée à toi parce que je t'aimais et que tu m'aimais ; écoute-moi bien et tâche de me comprendre. Je me suis donnée parce que je ne veux pas t'appartenir comme t'appartenait madame de Lubès : je me suis donnée pour pouvoir te dire un jour : Je ne t'appartiens plus, et que tu ne puisses pas me dire : C'est moi qui t'ai réduite à me céder déjà, il faut donc me céder encore. — Célestine, disait Léon, pourquoi, mon amie, me parles-tu ainsi, ne crois-tu pas à mon amour ? — J'y crois, Léon, puisque tu es là. Mais tu es un enfant ; et si je suis une folle de t'aimer, toi si jeune, je veux garder sur toi l'autorité de la femme qui prévoit l'avenir ; tu seras encore bien jeune que je serai tout à fait vieille; alors, bientôt peut-être, tu ne m'aimeras plus. — Célestine ! — Oh ! je te comprends, tu m'aimes aujourd'hui, et tu voudrais que tu pusses m'aimer longtemps; mais cela est impossible ; eh bien ! laisse à ma vanité ce droit de te refuser avant que tu ne me demandes plus. — Tu ne m'aimes pas comme je t'aime. — Je t'aime trop, Léon, et je conçois que tu ne me comprennes pas, je t'en remercie même; oui, je te remercie de la foi dans ton amour, mais écoute autre chose, enfant, — oh ! laisse-moi t'appeler de ce nom, enfant qui es heureux par moi, tu ne sais pas quel bien tu me fais à l'âme, — écoute-moi donc, Léon ; je t'ai donné ma vie et ma réputation. Je ne veux pas te tromper, car je t'aime; car je sens que je suis la première femme qui te laissera un souvenir d'amour dans le cœur, et je veux, quand plus tard tu en auras aimé d'autres qui t'auront trahi et rendu fou, que tu reviennes à ma souvenance comme à une chose qui a été franche et bonne. Quand je t'ai dit que je t'avais donné ma vie et ma réputation, je n'ai pas voulu te dire que je fusse une de ces femmes irréprochables qui n'ont jamais été faibles. Je l'ai été; moins souvent cependant, crois-moi, Léon, que tu ne l'as entendu dire dans les propos joyeux de tes camarades; mais je ne l'ai été en ne compromettant que ce que les hommes appellent vertu, et qu'ils s'efforcent sans cesse de vaincre en nous; mais pour toi je me suis compromise jusqu'au ridicule. — Célestine ! Sauve-moi cela, Léon, sois discret; si tu es heureux, sois reconnaissant, et si tu me trouves assez belle encor pour te vanter de moi, aime-moi assez pour te taire... Si je suis coupable envers quelqu'un, ce n'est pas envers toi, enfant; tais-toi donc, tais-toi : quand ma fille aînée s'est enfuie avec son amant, on a eu contre elle de l'indignation; mais on n'a pas eu de moquerie. Ma fille compromise par celui qui l'a séduite, fera pitié; moi, perdue par toi, je ferais rire, et, crois-moi, Léon, c'est là qu'est la mort.

En disant cela, elle pleurait cette charmante femme, sous les baisers de Léon qui l'adorait.

Et vous, est-ce que vous ne l'aimez pas un peu d'être si franche, d'être si naïve? naïve vraiment de dire si bien son cœur, elle qui était belle encore à faire perdre la raison à de plus expérimentés ; ne la trouvez-vous pas supérieure de se mettre si noblement aux genoux de son jeune amant?

Puis le jour vint, il fallut se quitter.

V

Cet amour fut heureux ; il le fut assez longtemps pour goûter toutes ses joies, pas assez pour les épuiser. Un événement qui eut une cause bien grave ou bien bouffonne, et qui, à notre avis, inspira un dévoûment qu'il faut trouver ingénieux, car nous n'en savons pas d'autre qui eût pu sortir les acteurs de ce récit de l'embarras où ils se trouvaient; cet événement rompit leur amour quand il était encore en sa fleur. Nous le raconterons sincèrement tel que nous l'avons vu, avec les sentiments de rire et de pitié qu'il nous inspira.

La nuit qui réunit Léon et madame Durosoir ne fut suivie d'aucune autre nuit ; soit adresse, soit coquetterie, soit crainte de la part de Célestine, Léon n'obtenait que rarement de courtes entrevues, et encore ne lui étaient-elles accordées que comme des récompenses. Quand ma tête sera tout à fait chauve, quand les sérieuses études auxquelles je vais désormais donner ma vie, auront éteint en moi tous ces doux res-

sentiments qui murmurent encore en mon cœur, peut-être je me blâmerai d'avoir aimé l'amour de madame Durosoir pour Léon ; peut-être voudrais-je effacer les pages que je laisse aujourd'hui glisser de ma plume comme un dernier adieu aux souvenirs joyeux de la jeunesse: mais en ce moment, je l'avoue, je n'ai aucune force pour blâmer cette tendresse protectrice qui se servait de son pouvoir pour faire de Léon un homme de cœur et de talent.

Si tous ces soins s'étaient adressés à une nature noble et solide, et qui eût suivi l'élan qui lui était donné, Léon eût béni toute sa vie la femme qui lui apprenait qu'un homme doit avoir un noble savoir, une parole sûre comme l'acier, un dévoûment à l'abri de tout intérêt : il y avait bien là un peu du caractère dirigeant de madame Durosoir, mais elle dirigeait Léon vers les bonnes choses. Me lui en voulez prs, je vous en prie. Aussi quand il venait à ce jeune homme un éloge dans le salon de madame Durosoir, un éloge grave et sincère de la part de quelque magistrat qui déclarait que Léon se faisait remarquer par la supériorité de ses études, madame Durosoir oubliait de renvoyer Léon quand il arrivait l'heure de se séparer. Mais il ne demeurait qu'un moment, le désir sortait avec lui et ne le quittait pas. Elle était habile, mais qui peut le lui reprocher ?

Il arriva cependant un jour où elle se départit de sa prudence. Voici à quelle occasion. Qu'on n'oublie pas que je n'écris que des choses vraies ; qu'on ne m'en veuille donc pas de ne pas offrir à mes lecteurs un drame bien compliqué. C'est le drame d'une vie de jeune homme en province ; rien de plus.

Un soir dans le salon de de M. de Lubès, il y eut dans un coin un mouvement assez bruyant, quelques éclats de voix dominèrent le murmure sourd de toute l'assemblée; un groupe se forma et se sépara presqu'aussitôt, un officier en sortit l'air insolent et courroucé ; Léon en sortit pâle et tranquille. A l'aspect de ces deux visages on vit qu'il y avait eu un rendez-vous pris et donné, et la première personne qui le devina fut madame Durosoir. Elle eût voulu s'informer, tremblante qu'elle était pour Léon, mais la crainte qu'elle n'avait vait d'abord que pour lui, lui retomba tout à coup sur le cœur.

Une dame qui était près de madame Durosoir questionna un officier qui s'était approché du groupe.

— Que s'est-il donc passé? lui demanda cette dame. — Rien qu'un démenti très solidement douné que ce petit jeune homme à notre capitaine de grenadiers. — Et pourquoi ce démenti ? — Je crois que c'est pour quelques propos tenus sur une dame de la ville. — Quelle dame? — Je ne sais... mais j'ai entendu parler de famille. — Comment de famille? dit en tremblant madame Durosoir. — Oui de la famille, on a prononcé le mot... Je n'ai pas bien entendu, n'importe ; il a affaire à forte partie, le petit bonhomme.., il n'a qu'à se bien tenir.

Puis l'officier et la dame allèrent danser ; madame Durosoir était invitée, son cavalier se présenta, il fallut figurer dans le quadrille; tous les regards l'observèrent.

— C'est sur moi, se dit-elle, qu'on aura tenu des propos, et Léon se sera laissé emporter.... ce n'est pas encore, le pauvra enfant, que c'est là un des horribles supplices d'un amour comme le sien, d'entendre médire de la femme qu'on aime et de laisser la médisance s'épanouir à son aise.

Le supplice fut cruel, mais le coup qui le suivit fut plus cruel encore, elle aperçut son mari qui vint se placer devant elle, en lui faisant des signes de colère... Pour la première fois M. Durosoir sembla redoutable à sa femme; enfin la contredanse finie, il s'approcha d'elle et lui dit à voix basse :

— Comme vous dansez tranquillement ! vous ne savez donc pas que ce pauvre Léon a une affaire? — Comment ! fit-elle en jouant la surprise ou plutôt en se laissant aller à cet instinct de défense qui lui disait de paraître tout ignorer ; une affaire et pourquoi ? — Je ne sais pas, car il a quitté le salon, et sans doute il est rentré : rentrons... il ne faut pas le laisser se faire tuer, cet officier est une espèce de spadassin connu par son adresse.

Madame Durosoir frémissait de tous ses membres, elle se sentait devenir froide et folle. Et puis son mari insistait pour qu'ils quittassent la soirée : la quitter ainsi après un entretien animé avec son mari, c'était avouer tout haut qu'il l'emmenait comme une femme coupable, et dont il allait décider la destinée. Madame Durosoir se voyait perdue, et ne savait que faire, que devenir ; rester était également dangereux, son mari pouvait en apprendre plus qu'il n'en savait. Le cœur et la raison allaient manquer à madame Durosoir, lorsque madame de Lubès parut donnant le bras à l'officier : il lui racontait sans doute le sujet de la querelle, et madame de Lubès haussait les épaules. Ils passèrent près de l'embrasure où madame Durosoir, à moitié masquée par le rideau de la fenêtre, était avec son mari.

— Tant pis pour lui, disait madame de Lubès ; ah ! ces dames de la ville veulent avoir des amants et il faudra se taire sur elles comme sur le mystère de l'eucharistie, pas de ça, tant pis, tant pis pour...

Elle n'en entendit pas davantage. A tout risque elle sortit, elle quitta la soirée en passant par les cabinets de dégagement, et sans traverser le salon. Elle rentra chez elle, l'effroi dans le cœur, oubliant qu'elle avait laissé Louise chez le général.

Léon n'était pas à la maison, alors elle s'aperçut que Louise était demeurée au bal ; elle envoya M. Durosoir la chercher. A peine il fut sorti qu'on frappa violemment à la porte de la rue, elle reconnut la voix de Léon qui demandait si quelqu'un était rentré. On lui répondit que sa tante était chez elle, mais que M. Durosoir était retourné chercher sa fille. Léon monta rapidement chez sa tante : quand il entra dans sa chambre, elle était debout appuyée devant la cheminée ; en la voyant elle le regarda avec désespoir et s'écria :

— Ah ! malheureux, qu'as-tu fait ! — Quoi ! vous savez ? — Je sais que tu vas te battre, te battre pour un propos tenu sur moi. — Sur vous ? non, Célestine, pas sur toi. — Vous mentez, Léon, vous ne vous battrez pas ; c'est me déshonorer, me perdre... je ne le veux pas. Écoute : il faut être raisonnable, qu'a-t-il dit enfin cet officier ? — Il a dit, répondit Léon, qui redevint pâle de souvenir, il a dit que ma mère était... — C'était ma mère, s'écria madame Durosoir avec joie... puis elle s'arrêta toute confuse, et tendant la main à Léon, elle lui dit : Pardonne-moi ce mouvement de mon cœur ; eh ! Léon, j'ai tant souffert, j'ai cru que c'était moi ; mais c'était ta mère qu'on a insulté, ta mère morte ! — Oui, ma mère, que j'ai à peine connue.

Madame Durosoir se mit à pleurer, et bientôt elle sanglota amèrement. Ce fut en elle cette désolation de l'âme qui, dégagée des terreurs qui lui sont personnelles, se laisse envahir par la pensée des dangers d'un autre, et qui se plaint pour ainsi dire de n'avoir rien à redouter quand celui qu'elle aime est en danger de la vie. Léon voulait calmer madame Durosoir, mais elle ne savait que prendre sa tête dans ses mains, et la couvrir de baisers et de larmes en lui répétant :

— Pauvre enfant, pauvre Léon ! c'était sa mère.

Qui peut dire aussi ce qu'il y avait de remords dans ce cri ; qui peut calculer le retour qu'elle faisait sur elle-même en se disant : Voilà un noble enfant qui mourra parce qu'il avait eu une mère trop légère ! Cette pensée la domina tellement qu'elle tomba suffoquée par ses larmes en s'écriant :

— Je suis bien heureuse, moi, je n'ai pas de fils.

En ce moment, on frappa à la porte : c'était M. Durosoir qui ramenait sa fille. Ils entrèrent un moment après dans la chambre de madame Durosoir, qui n'essuya point ses larmes : elle avait droit de pleurer son amant qui s'appelait son neveu. Louise avait le visage altéré, mais ferme. La première parole qu'elle dit à Léon fut celle-ci :

— Qui avez-vous choisi pour témoin ? — Je sors de chez Léonard, dit Léon. — Tu veux donc te battre, toi ? s'écria M. Durosoir ; je ne te permettrai pas, je te ferai plutôt arrêter.

Léon sourit ; M. Durosoir continua en s'adressant à sa femme :

— Mais dites-lui donc, vous qui avez sur lui quelque autorité, qu'il ne peut pas se battre.

Madame Durosoir se cacha la tête dans ses mains et ne répondit pas.

— Ah ça ! mais tout le monde est donc fou ici ? Louise m'a dit tout le long du chemin qu'au bal tout le monde approuvait Léon, qu'elle-même pensait qu'il devait se battre ; et vous qui êtes raisonnable, vous qui êtes sa véritable mère, puisqu'il a perdu la sienne, vous ne lui dites rien ? Est-ce que s'il était votre fils, et il l'est de fait, vous lui diriez de se battre ? voyons, répondez.

Madame Durosoir ne le put pas : les paroles de son mari la torturaient à l'endroit le plus sensible de son cœur.

M. Durosoir voulut poursuivre ses remontrances, Léon l'arrêta en lui disant :

— J'ai conté l'affaire à Léonard : si elle peut s'arranger, elle s'arrangera ; je lui en ai confié la direction. — Joli ! très joli ! reprit M. Durosoir, voilà un choix admirable ; un fou qui se battrait pour un coup d'œil mal adressé ; il te fera tuer. Je te le dis, moi, que tu ne battras pas.

Madame Durosoir se leva ; elle était tout à fait pâle et dé-

faite, mais elle dit d'une voix mal assurée à son mari :

— Il faut que Léon se batte, monsieur. Laissez-le rentrer chez lui, il a besoin de prendre du repos.

Cette parole de madame Durosoir stupéfia M. Durosoir ; mais Léon l'en remercia. On se sépara, chacun rentra chez soi, et Léon seul dans sa chambre se mit à écrire. Le duel devait être sérieux, il pensait y périr... Il voulut dire adieu à la vie. Quel est l'homme qui, à ces moments suprêmes, n'a pas quelque pensée qu'il a gardée dans le fond de son âme comme le trésor de son avenir, et qu'il veut dire au monde avant de le quitter, puisqu'il ne pourra pas la mettre en œuvre ?

Comme il écrivait encore, il entendit ouvrir sa porte et sa tante entra ; elle lui tendit les bras et se reprit à pleurer. Puis Léon lui dit :

— Ah ! si quelqu'un venait ? — On peut venir, Léon, dit Célestine ; j'ai une douleur assez légitime à montrer pour qu'elle voile le désespoir coupable que j'éprouve.

Ensuite ils s'assirent à côté l'un de l'autre longtemps silencieux.

Quelques paroles s'échangeaient de temps à autre. Enfin, quand ce premier paroxysme de douleur fut éteint, Léon dit à sa tante :

— Voilà donc la seconde nuit qui nous devait réunir ! — Tais-toi, Léon. — Ecoute-moi, Célestine, si je ne meurs pas, promets-moi de m'accorder ce que tu m'as refusé jusqu'à présent. — Oh ! Léon, tais-toi. — Si tu me le promets, vois-tu, je le tuerai cet homme. — Mon Dieu ! tu deviens fou. — Oh ! promets-moi, cela, je t'en supplie, et je serai sûr de vivre ! — Léon ! Léon ! dit madame Durosoir en le prenant dans ses bras comme un enfant, si tu vis, je te remercierai à genoux ; mais ne pense pas cela à cette heure, dans ce moment. Mon Dieu ! c'est effrayant... c'est à en devenir folle, tu me fais peur. — J'irai donc me battre sans espoir ! — Léon, ne suis-je pas à toi ?... Oh ! reviens, tu me demanderas après tout ce que tu voudras.

Et quand Léon fut bien assuré que tout ce qu'il voulait lui serait accordé, il se sentit fatigué de toutes ces secousses ; sa tante voulut qu'il se reposât... elle le mit dans son lit, non plus comme un amant, mais comme un enfant, et l'enfant s'endormit. A dix-huit ans, quand on a un espoir à côté de la mort, on dort, et on rêve à son bonheur.

Quand Léonard arriva à la pointe du jour dans la chambre de Léon, madame Durosoir veillait encore près de son lit.

— Levée avant moi, dit-il, c'est bien... Il dort, c'est beau. — Oh ! monsieur, dit madame Durosoir que la douleur et la veille avaient brisée, je vous le confie. — Ne craignez rien, reprit Léonard, j'ai promis à notre adversaire de le tuer comme un lièvre s'il touche plus que la peau de Léon.

Léon s'éveilla.

— Vous ! s'écria-t-il en voyant sa tante. — J'arrive, répondit-elle. — Il faut laisser lever Léon, nous descendrons chez vous avant de sortir.

Madame Durosoir se retira.

— Allons ! vite, dit Léonard, habille-toi en deux temps et filons par la porte de derrière, pendant que ta tante nous croira encore ici ; les adieux sont terribles en pareille circonstance. — Tu as raison, dit Léon en se levant. — Voyons, dit Léonard, deux ou trois mouchoirs de toile fine en cas de blessure ; j'ai mes épées en bas, nous prendrons une croûte et un verre de rhum, il ne faut pas se battre l'estomac vide, ça donne des vertiges ; il ne faut pas non plus l'avoir plein, ça gêne la saignée s'il en faut une. Allons, preste ! serre-toi à la ceinture, mets des bottes vieilles, qui ne te gênent pas le pied... c'est ça... Partons.

Ils descendirent doucement l'escalier, et quand madame Durosoir entendit fermer la porte de la rue et ouvrir la fenêtre, elle les vit disparaître à l'angle de la place.

Nous ne voulons ni peindre les angoisses de madame Durosoir, pendant les deux heures que dura l'absence de Léon, ni faire le récit du duel de celui-ci. Nous dirons seulement que Léon blessa son adversaire d'une façon dangereuse sinon mortelle, et que madame Durosoir, qui avait résisté à sa douleur, ne put résister à sa joie ; elle s'évanouit en revoyant Léon ; mais personne, pas même son mari, ne lui sut mauvais gré.

Deux heures après, M. de Bravegens arriva et apporta une nouvelle, sinon cruelle, du moins contrariante. L'affaire de Léon avait fait grand bruit ; les officiers de la garnison, irrités d'avoir succombé dans deux affaires contre les étudiants, ne parlaient que de vengeance. Le général avait fait mettre les plus consignes aux arrêts, et le procureur général parlait de faire arrêter Léon. Les cafés avaient ordre de fermer de bonne heure, et la représentation qui devait avoir lieu le soir au théâtre était remise. Il était donc nécessaire que Léon quittât Poitiers pendant quelques jours, car c'était lui que les officiers se promettaient d'insulter partout où ils le rencontreraient. Après la conduite de Léon dans son duel, s'éloigner ne pouvait passer pour un acte de lâcheté, Léonard lui-même le lui conseilla; mais Léon s'obstinait à vouloir demeurer. Nul ne comprenait son motif, car il promettait de ne pas sortir de la maison; madame Durosoir seule le devinait, et elle ne pouvait en vouloir à Léon de son entêtement. La discussion commençait à s'échauffer, lorsque madame Durosoir se chargea de rétablir l'ordre.

— Je conçois la raison de Léon, dit-elle : s'éloigner seul et sans motif, aurait l'air d'une fuite; mais c'est demain le dimanche où M. Durosoir reçoit ses fermages, Léon partira pour la campagne, et demain nous irons tous le rejoindre au Bocage.

C'était le nom de la campagne de M. Durosoir.

— Non, dit Léon avec humeur, je partirai demain avec vous, si vous le voulez? — Allons! mauvaise tête, dit madame Durosoir, et je vous accompagnerai, ou plutôt vous m'accompagnerez : il faut bien que je prépare un peu la maison pour recevoir tout le monde, et pour vous recevoir vous-même, vous ne sauriez où coucher. — Ah! fit Léonard.

Ce ah! fut jeté trop naïvement, comme celui d'un homme qui comprend tout à coup, et Léonard s'empressa d'ajouter : — Et j'espère que madame Durosoir me permettra de l'aller voir à la campagne. — Comment donc! mais vous êtes de la famille, après le service que vous nous avez rendu. — C'est bien, fit M. Durosoir, je vais dire au cocher de préparer la voiture.

Oh! monsieur Durosoir, oh! mari!... oh!...

Qu'on nous pardonne cette éternelle plaisanterie, je ne connais d'autre moyen de la faire cesser que d'abolir le mariage!

Le soir venu, madame Durosoir et Léon partirent dans une espèce de voiture, dont l'intérieur n'était pas suffisamment à l'abri des regards du cocher pour qu'on pût s'y parler... le voyage fut donc silencieux; il se passa la main dans la main, le genoux contre le genoux, le cœur plein d'espérance. Rien ne le troubla, rien ne troubla l'arrivée; et si les attentions prolongées du fermier, de la femme et de ses enfants retardèrent jusqu'à près de minuit l'heure du rendez-vous, il n'en fut que plus enivrant, plus heureux, plus passionné.

Le lendemain matin, à dix heures, une nouvelle voiture entra dans la cour de la maison de campagne. Il en sortit de bruyants éclats de voix, des rires, des appels joyeux. C'était M. Durosoir, sa fille, Léonard, cinq ou six amis.

— Ohé! est-on levé ici? — Pas encore! répondit le fermier. — Ça m'étonne pas, répondit M. Durosoir, ma femme aime à dormir tard, et elle ne veut pas qu'on entre dans sa chambre avant qu'elle soit toilettée. — Respect aux volontés des dames! dit Léonard. — Oui, certes! reprit M. Durosoir; mais Léon est-il levé? — Je ne l'ai pas encore vu! — Où est-il logé? — A l'aile opposée de l'appartement de madame. — Dans la chambre bleue? — Dans la chambre bleue. — C'est bon, allons l'éveiller!

Ils coururent sous la fenêtre de la chambre bleue, et y firent un vacarme effroyable.

— Qu'est-ce que c'est que ça? dit Léon en se levant en sursaut et en regardant à travers sa persienne. — C'est que ton affaire est arrangée, répondit M. Durosoir; allons, descends : nous avons apporté des provisions, la route nous a donné un appétit d'enfer; habille-toi. — A l'instant! et Léon referma sa fenêtre.

En effet, il s'habilla, ou plutôt il voulut s'habiller... il cherche, il remue les meubles, retourne son lit.

— Où est mon pantalon?

Il était venu à l'improviste, sans rien emporter; il n'avait qu'un pantalon.

— Où est mon pantalon?

Il bouleverse la chambre avec colère, puis avec rage... puis avec épouvante.

— J'ai oublié mon pantalon chez...

Il s'arrêta; une sueur froide le glaça! il tomba assis sur son lit. — Je n'ai pas de pantalon.

La mort, le désespoir entrèrent dans son cœur; mais son effroi devint encore plus grand quand il entendit tous les nouveaux venus se répandre dans la maison. M. Durosoir faisait voir sa propriété à ses invités. En passant devant la porte de Léon, il lui cria :

— Allons, paresseux, est-ce que tu n'es pas encore habillé? — Je mets mon pantalon, répondit Léon.

Le malheureux était à moitié fou.

Enfin, il se recueille, il espère que tout le monde descendra, qu'il pourra courir jusque dans la chambre de sa tante, y prendre le précieux vêtement et revenir s'habiller dans la sienne. Il écoute : tout est calme en effet; alors il réfléchit que courir ainsi en chemise chez madame Durosoir et revenir, c'est deux voyages à faire, deux risques à tenter... Il faut emporter ses habits chez elle... Mais je perdrai encore du temps à m'y habiller. O lecteur! ceci est vrai, foi d'homme d'honneur, Léon met ses bottes, il était si troublé : il met sa cravate, plaignez-le; il passe son gilet, il ne savait que faire : il endosse son habit, je vous dis la vérité : il prend son chapeau, il devenait fou; et ainsi complètement vêtu en bottes, en habit, en chapeau, mais sans pantalon, il s'apprête à tenter le hasard. Il avait bien pensé à faire le malade, mais on serait entré dans la chambre de madame Durosoir pour l'en avertir, et le pantalon devait y être. C'était le seul moyen, il met la main sur la clef de la serrure en tremblant : cependant il se rassure, un silence profond règne dans la maison. O perfide silence! madame Durosoir et ses amis, ennuyés d'attendre Léon, s'imaginent de lui faire ce qu'à la campagne on appelle un bon tour; ils montaient donc à pas de loups, armés de vrilles pour percer la porte, de seaux d'eau, d'objets propres à la diriger, c'est-à-dire ce que Molière appelle une seringue, etc., etc. Ils étaient sur le palier, cachés derrière une grande porte, quand Léon ouvre doucement et paraît dans son costume écossais : cri général de stupéfaction, auquel répond un cri de terreur de Léon; mais avec ce cri une idée sublime vient à Léon; il s'avance intrépidement en faisant mille gambades; on l'arrose, il rit; on lui parle, il chante; on veut l'arrêter, il fait la roue; on le saisit, il crie en pleurant; on l'interroge, il ouvre des yeux égarés...

Juste ciel! il est fou... Quoi! fou?... Oui, fou, et fou furieux, car il tombe à coups de poing sur son oncle Durosoir et ses amis, et leur porte rapidement les yeux; Léonard se précipite sur son ami, et tandis qu'il le maîtrise et qu'il l'emporte dans sa chambre au milieu de hurlements et de rires insensés, Léon lui dit tout bas :

— Mon pantalon est dans la chambre de ma tante.

A ce mot, Léonard part d'un éclat de rire que Léon couvre de cris aigus, et bientôt madame Durosoir paraît, attirée par ce bruit infernal.

— Il est fou, lui répète-t-on de tous côtés.

Elle veut courir à Léon, mais Léonard l'arrête en lui disant : — Rentrez chez vous... Messieurs, ajoute-t-il, maintenez le malade pendant que je vais chercher un remède qui, j'espère, le calmera.

Il suit madame Durosoir dans son appartement, et là, lui montrant le pantalon jeté dans un coin, il lui dit :

— Madame, voilà la cause de la folie de Léon. — Grand Dieu! s'écrie madame Durosoir, en se cachant le visage. — Ne craignez rien, madame, disait Léonard, mon ami a vengé le nom de sa mère insultée, je ne compromettrai pas celui de la femme qui bientôt deviendra ma mère; car vous consentez à mon mariage avec Louise.

Elle ne répondit pas, mais Léonard avait parlé le pantalon à la main, et cela valait un consentement.

Tout à coup M. Durosoir entra en disant :

— Il se calme un peu... qu'est-ce que vous tenez donc là? un pantalon? le pantalon de Léon? où l'avez-vous trouvé? — Dans la poche de mon habit, où Léon l'avait glissé en se débattant; et je le montrais à madame. — C'est drôle! dit M. Durosoir, d'un air de terrible incrédulité.

Mais Léonard emportant le pantalon, laissa M. Durosoir, et courut avertir Léon. Au moment où M. Durosoir commençait à interroger sérieusement sa femme, Léon, qui avait compris qu'il ne pouvait sauver Célestine qu'en continuant son rôle, se prit à courir par toute la maison en brisant les meubles... il fallut l'enchaîner dans son lit, pendant que madame Durosoir, tremblante, éperdue, ne savait ce qu'elle devait penser de cet étrange événement.

Elle ne le sut que trop tôt : les médecins de Poitiers appelés en consultation déclarèrent incurable s'il n'était pas confié aux soins des premiers médecins de Paris; et huit jours après Léon fut expédié, sous bonne escorte, à la maison de M. Dubois, où il fut guéri en deux heures de traitement.

Quand madame Durosoir, elle se fit dévote, et changea de directeur. Elle ne voulut pas donner de successeur à Léon.

FIN DE LÉON MASSAILLAN

VERSAILLES. — IMPRIMERIE CERF, RUE DU PLESSIS, 59.

LÉCRIVAIN ET TOUBON, LIBRAIRES, 5, RUE DU PONT-DE-LODI, PARIS.

BIBLIOTHÈQUE POUR TOUS

ILLUSTRÉE

ROMANS, HSTOIRE, VOYAGES, LITTÉRATURE, SCIENCES, &., &.

Chaque Ouvrage contient de 400,000 à 650,000 lettres d'impression, c'est-à-dire la matière de DEUX ou TROIS volumes de Cabinet de Lecture

PRIX : 50 CENTIMES

DÉPARTEMENTS ET ÉTRANGER : 60 CENTIMES

En adressant à MM. LÉCRIVAIN et TOUBON, libraires, rue du Pont-de-Lodi, 5, la liste des ouvrages qu'on désire, et en envoyant le prix à raison de 60 centimes par numéro, soit en mandats de poste, soit en timbres-poste, on les reçoit franco, par la poste (Affranchir).

OUVRAGES EN VENTE :

1. L'Italien, par Anne Radcliffe.
2. Les Parvenus, par Paul Féval.
3. Les Chercheurs d'Or, par Em. Gonzalès.
4. La Chasse aux Millions, par Ch. Deslys.
5. La Lionne, par Frédéric Soulié.
6. La Fontaine Sainte - Catherine, par Ducray-Duminil.
7. Les Souterrains de Saint-Denis, par Clémence Robert.
8. Les Mémoires du Diable, par Frédéric Soulié.
9. Les Mémoires du Diable (2e série), par Frédéric Soulié.
10. Les Mémoires du Diable (3e série), par Frédéric Soulié.
11. Les Mémoires du Diable (4e série), par Frédéric Soulié.
12. Le Bachelier de Salamanque, par Lesage.
13. La Révolte de l'Inde, par A. Bonneau et R. Hyenne.
14. Julie, par Frédéric Soulié.
15. Calomnie, par Hippolyte Bonnellier.
16. La Baronne trépassée, par Ponson du Terrail.
17. Les Enfants de la Nuit, par Bulwer.
18. La Fée des Grèves, par Paul Féval.
19. Le Maître d'École et Eulalie Pontois, par Frédéric Soulié.
20. Le Magnétiseur, par Frédéric Soulié.
21. La Lingère, par Alphonse Signol.
22. Le Lion amoureux et Diane et Louise, par Frédéric Soulié.
23. Le Viveur, par Auguste Ricard.
24. Julia ou les Souterrains du Château de Mazzini, par A. Radcliffe.
25. Les Quatre Sœurs, par Frédéric Soulié.
26. La Chemise sanglante, par Barginet (de Grenoble).
27. Isabelle Farnèse, par Augustin Challamel.
28. Le Comte de Toulouse, par Frédéric Soulié.
29. Le Vaurien, par Aug. Lafontaine.
30. Le Cocher de Fiacre, par Auguste Ricard.
31. Les Lettres Persanes, par Montesquieu.
32. Le Vicomte de Béziers, par Frédéric Soulié.
33. Rolland Pied-de-Fer, par P. Féval.
34. Agathe ou le Petit Vieillard de Calais, Thérèse ou l'Orpheline de Genève, par Victor Ducange.
35. L'Écolier de Cluny ou la Tour de Nesle, par Roger de Beauvoir.
36. Les Caractères, par La Bruyère.
37. L'Orphelin du Temple, par P. Zaccone.
38. La Misère, par Clémence Robert.
39. Les Ames mortes, par Nicolas Gogol (trad. du russe, par Eug. Moreau).
40. Le Roi des Rapaces, par G. de La Landelle.
41. Le Pirate noir, par Ch. Expilly.
42. L'Histoire de l'Inquisition, par L. Gallois.
43. Assassinat de M. Péchard.
44. Malvina, par Mme Cottin.
45. Huit jours au Château, par Frédéric Soulié.
46. Le Garde d'honneur, par Roger de Beauvoir.
47. La Fiancée de la Mort, par Ch. Deslys.
48. Atala, René, le dernier des Abencerrages, par Chateaubriand.
49. L'héritage d'une Centenaire (LES COULISSES DU MONDE), par le vic. Ponson du Terrail.
50. Le vieux Paris, par P. Zaccone.
51. L'Élève de Saint-Cyr, par C. de Saint-Maurice.
52. Lorettes et Gentilshommes, par H. de Kock.
53. Gaston de Kerbrie, par Ponson du Terrail.
54. Le Médecin de la rue de Provence, par Frédéric Soulié.
55. Les Aventures d'un jeune Cadet de famille, par Frédéric Soulié.
56. Le Naufrage de la Méduse, par Ch. Deslys.
57. Un Prince indien, par Ponson du Terrail.
58. Les Amours de Victor Bonsenne, par Frédéric Soulié.
59. Olivier Duhamel, par Frédéric Soulié

60. La Pérouse, Aventures et Naufrage, par Robert Hyenne.
61. Les Français en Italie, par Robert Hyenne.
62. La Fille à Marie-Rose, par Ch. Deslys.
63. Un Zouave (2e partie de Marie-Rose), par Ch. Deslys.
64. Histoire complète de la guerre d'Italie en 1859, par J.-B.-J. Raymond.
65. Procès Angélina Lemoine, — Léonie Chereau, — Époux Lefert.
66. Les Mystères de la Chine, par P. Zaccone.
67. Le Pirate de Canton, par P. Zaccone.
68. La Grande Armée, par Ch. Rabou.
69. La Grande Armée, par Ch. Rabou (2e série).
70. La Grande Armée, par Ch. Rabou (3e série).
71. Jack Sheppard, par Ainsworth.
72. Le Briseur de Prisons, par Ainsworth.
73. La Marquise sanglante, par la comtesse Dash.
74. La Roche tremblante, par Elie Berthet.
75. Les Mémoires de la Mort, par Carl Ledhuy.
76. La Léscombat, par Roger de Beauvoir.
77. Le Bandit tyrolien, par Carl Ledhuy.
78. Les Chauffeurs, par Elie Berthet.
79. Le beau François, par Elie Berthet.
80. Les Visions du château des Pyrénées, par Anne Radcliffe.
81. Le Chevalier noir, par Anne Radcliffe.
82. L'Enfant volé, par Maximilien Perrin.
83. Les Volontaires de 93, par P. Zaccone.
84. La Princesse palatine, par la comtesse Dash.
85. Berthold le bon Clerc, par J. Labeaume.
86. Le Château de Walstein, par F. Soulié.
87. Le Jeu de la Mort, par Paul Féval.
88. La Tirelire, par Paul Féval.
89. Histoire d'une Nuit, par Paul Féval.
90. Le Comte de Foix, par Frédéric Soulié.
91. La Comtesse de Bossut, par la comtesse Dash.
92. Le Proscrit de Palerme, par P. Zaccone.
93. Nos Grisettes, par Ch. Deslys.
94. Les Mystères de l'Île Saint-Louis (L'HÔTEL PIMODAN), par Roger de Beauvoir.
95. L'Anneau de Fouquet, (2e série de L'HÔTEL PIMODAN,) par Roger de Beauvoir.
96. Mademoiselle Topaze, par Xavier Eyma.
97. La Tour du Diable, par Paul Féval.
98. Le Marché aux Consciences, par Alfred des Essarts.
99. Les Crimes à la mode, par André Thomas.
100. Les deux Manoirs, par Xavier Eyma.
101. Le Médecin de la Cité, par Maxi. Perrin.
102. La mère Rainetto, par Charles Deslys.
103. La Fille maudite (1re série de LA MÈRE RAINETTE), par Ch. Deslys.
104. Le Doigt de Dieu (2e série de LA MÈRE RAINETTE), par Ch. Deslys.
105. Les Parricides, (1re série DES PROCÈS CÉLÈBRES).
106. La Fille du Forçat, par Maximilien Perrin.
107. L'Amour qui rit, par Ch. Deslys.
108. L'Amirante de Castille, par la duchesse d'Abrantès.
109. L'Amirante de Castille (2e série), par la duchesse d'Abrantès.
110. L'Amo r qui pleure, par Ch. Deslys.
111. Un Drame judiciaire, par Raoul de Navery
112. Riche d'Amour, par Maximilien Perrin.
113. Une Banqueroute frauduleuse, par Pierre Zaccone.
114. Les Amants de ma Maîtresse, par Henry de Kock.
115. La Lorette mariée, par Maximilien Perrin
116. La Bastide rouge, par Elie Berthet.
117. John Brown, le martyr de la cause des Nègres.
118. Le Docteur noir. — L'affaire Giblain.
119. Histoire des Papes, par Aug. Challamel.
120. Cardillac, par Octave Féré et J. Chautard.
121. Histoire du Piémont et de la Maison de Savoie, par Augustin Challamel.

122. Le Chemin de la Fortune et l'Orpheline de Waterloo, par Benjamin Gastineau.
123. Les Français en Italie, par Em. Gonzalès.
124. William Palmer, l'empoisonneur.
125. La Bohémienne, par P. Zaccone.
126. Masaniello, ou une révolution à Naples, par Eug. de Mirecourt.
127. Le Chasseur d'Hommes, par Em. Gonzalès.
128. Le Maréchal d'Ancre (2e série du CHASSEUR D'HOMMES,) par Emmanuel Gonzalès.
129. Safia ou la Décadence de Venise, par Roger de Beauvoir.
130. L'Ermite de la Tombe Mystérieuse, ou le Fantôme du vieux Château, par Anne Radcliffe.
131. Le Gamin de Paris, par Pierre Zaccone.
132. Le Gamin de Paris (2e série), par Pierre Zaccone.
133. Le dernier Irlandais, par Elie Berthet.
134. La Femme Adultère, par Vaucheret.
135. Les Drames de Province, par André Thomas.
136. La Femme adultère (2e série), par Vaucheret.
137. Les Amours d'une Mendiante, (2e série des Drames de province), par A. Thomas.
138. Le Naufrage du Pacifique, ou Le Nouveau Robinson, par le capitaine Marryat.
139. Le nouveau Robinson (2e série), par le capitaine Marryat.
140. Le Jésuite, par Spindler.
141. La Terre Promise, par Alphonse Brot.
142. La 32e demi Brigade, par Barginet (de Grenoble).
143. Le Capitaine de Spahis, par Maximilien Perrin.
144. Si Jeunesse savait, si Vieillesse pouvait, par Frédéric Soulié.
145. La Maison des Fous (2e série de Si Jeunesse savait), par Frédéric Soulié.
146. Un Portier qui se dérange, par Marc Leprevost.
147. Un Portier qui se dérange (2e série), par Marc Leprévost.
148. Un Bandit Californien (Joaquin Murieta), par Robert Hyenne.
149. La Fille d'une Lorette (1re série), par Maximilien Perrin.
150. La Fille d'une Lorette (2e série), par Maximilien Perrin.
151. Les Filets de Versailles (1re série), par M. de Genouillac.
152. Les Filets de Versailles (2e série), par M. de Genouillac.
153. La Vipère Noire, par Octave Féré.
154. La Louve (1re série), par Paul Féval.
155. Comme l'Argent s'en va, par Moléri.
156. La Louve (2e série), par Paul Féval.
157. La Marchande du Temple, par Maximilien Perrin.
158. L'affaire Demollard.
159. Les Lorettes vengées, par Henry de Kock.
160. Le Mari de la Comédienne, par Maximilien Perrin.
161. L'Autel et le Théâtre, précédé de la 2e série du MARI DE LA COMÉDIENNE, par Maximilien Perrin.
162. La Famille d'un Député (1re série), par madame Camille Bodin (J. Bastide).
163. La Famille d'un Député (2e série), par madame Camille Bodin (J. Bastide).

EN PRÉPARATION :

La Reine des Grisettes, par Henry de Kock.
Jeanne la Noire, par Édouard Ourliac.
La Tour de Londres, par Alphonse Brot.
Catherine II, par la duchesse d'Abrantès.
Les Proscrits de Sicile, par Em. Gonzalès
La Peste de Paris, par Elie Berthet.
La Fille de Cromwell, par Eug. de Mirecourt.